スポーツ・体育と健康科学テキスト

Sport and Health Science Text

Takanobu Kimiya　Keishi Murakami　Ryuji Oya
木宮 敬信・村上 佳司・大矢 隆二 著

三恵社

目　次

第1章　生涯スポーツの役割

1．生涯スポーツと地域におけるスポーツ振興

Point

1．生涯スポーツの取り組みについて理解しよう
2．総合型地域スポーツクラブや公共スポーツ施設について知ろう

1．生涯スポーツの取り組み

1）スポーツ振興基本計画とスポーツ立国戦略

1958年に「スポーツ振興審議会」が「スポーツ振興のための法的措置の強化について」を公表し、スポーツ振興法の制定を政府に要望しました。また、1962年には、東京オリンピックが開催されることが決定しており，そのことも踏まえスポーツ振興に拍車をかけることを狙いとして、1961年に「スポーツ振興法」が制定されました。

更に生涯を通じてスポーツを楽しみながら体力つくり、生きがいつくりを進める「生涯スポーツ社会の実現」を目指し、スポーツ環境の整備を10年かけて行う中期的なビジョンを見据えた計画を推進するために「スポーツ振興基本計画」が2000年に策定されました。その政策目標は次の通りであり、目標達成に向けて様々な取り組みが推進されてきました。

① スポーツ振興を通して、子どもの体力の低下傾向を上昇傾向に転ずる
② 生涯スポーツ社会の実現のため、成人の週1回以上のスポーツ実施率を50%以上とする
③ オリンピックにおけるメダル獲得率を夏季・冬季合わせて3.5%以上にする

スポーツ振興基本計画が策定され10年が経過し、2011年に策定目標に対しての見直しが実施されました（2005年中間見直し実施）。政策目標に対する検証結果は、子どもの体力については、高学年以上で緩やかな上昇傾向に転じ、成人の週1回のスポーツ実施率も目標値である50%には至らなかったが、45%（2009）まで上昇したことが報告されました。また、オリンピックのメダル獲得率においても1.85%（1996年アトランタ・1994年リレハンメル）から2.47%（2008年北京・2010年バンクーバー）と上昇傾向を示し、各目標課題において一定の成果が認められたと結論づけられました。この結果を踏まえ少子高齢化・高度情報化等の発展に伴う社会情勢の急激な変化を鑑みるとスポーツに関する新しい課題に十分な対応をしきれなくなっているとされ、また、一方でこれまで以上にスポーツ振興の重要性が増してきていることから今後のスポーツ振興のための新たな取り組みが動き出しました。

具体的には、文部科学省は、新たな「スポーツ基本法」の検討も視野に入れ、今後のスポーツ政策の基本的方向性を示す「スポーツ立国戦略」を2010年に策定しました。

この政策の基本的な考え方は、次の二つから構成されています。

① する人、観る人、支える（育てる）人の重視

スポーツを「する人」だけでなく、トップレベルの大会やプロスポーツの観戦をする「観る人」、指導者やボランティア活動でスポーツを「支える人」に着目して、人々が生涯にわたってスポーツを楽しむことができるハード面（施設等）、ソフト面（指導者等）の整備を目的としました。

② 連携・協働の推進

学校、スポーツ団体、地域スポーツクラブ等が連携・協力することによりスポーツを楽しめる機会が増えるだけでなく、人材交流も深まり情報交換をすることでスポーツ界の発展が期待されます。また、家族や社会との繋がりの中で地域住民間の連携・協力を促すことで、新たなスポーツコミュニティーが形成され、地域社会の活性化を担うことになります。

先に示した「スポーツ立国戦略」の基本的な考え方から導かれる今後 10 年間で実施すべき 5 つの重点戦略は次の通りです。

① ライフステージに応じたスポーツ機会の創造

② 世界で競い合うトップアスリートの育成・強化

③ スポーツ界の推進・協働による「好循環」の創造

④ スポーツ界における透明性や公平・公正性の向上

⑤ 社会全体のスポーツを支える基盤の整備

この重点戦略で示された事項は、「スポーツ基本法案」の検討にも影響を与えています。

2）現代の社会問題を踏まえたスポーツの取り組み

少子高齢化、IT 化、都市化などの急激な社会の変化の中でこれまでにない社会問題が生じています。これまでは、子どもが屋外で遊べる場所があり、仲間と体を動かす機会が多かったのですが、TV ゲームなど室内での遊びや塾に通う子どもたちが急増することでスポーツ離れが懸念されています。そのことで子どもの体力・運動能力、コミュニケーション力の低下が指摘され、子どもの体力低下は、成人時にも影響を及ぼし、加齢に伴い体力の低下は加速し、健康に起因するとも言われています。

スポーツの実践は、心身の健康維持・体力増進・運動能力向上に努め、その過程において爽快感、達成感、満足感、連帯感等を得ることができます。また、ストレス解消による心の安定、多様な価値観を認め合う機会の中でのコミュニケーション力の向上など様々な効果が期待されています。このことから、人が元気に生活していくには、スポーツを生活の中に定着させることが重要であると考えられます。生涯スポーツは「すべての人々がそれぞれの目

的そして体力や年齢に応じて、生涯にわたってスポーツ活動に親しむこと」と示されており、スポーツを誰もが、いつでも、どこでも、気軽に親しめる社会が理想とされ、生涯にわたるスポーツライフの実現を果たすべきであると考えられます。

3）ジュニア期のスポーツの課題

健康志向が高まる中、成人になって、その目的のためにスポーツをする人の数は、増加傾向にあります。このように、これまでスポーツと接する機会が少ない生活を送ってきた人たちの中にも、スポーツを行いたいと思っている人は少なくありません。子どもの頃よりスポーツに親しみをもち、スポーツをするきっかけがあれば、スポーツの習慣化に繋がっていくことが窺えます。我が国において、ジュニア期の子どもがスポーツと接する機会は、小学校・中学校・高校と学校単位・種目単位で行われることがほとんどであり、その環境に馴染めない子どもたちも存在します。例えば、一部においては、学校単位で行われる運動部活動の目的が、目先の勝利に拘るあまり、将来のために子どもたちを「育てる」ことを見失い、指導者のためのスポーツとなってしまっている場面が見受けられることがあります。このことは、子どもがバーンアウトするなど、スポーツ離れの要因になると考えられます。

また、競技力向上の観点からの指導体制は、各カテゴリー（小・中・高）において、それぞれの指導者が存在し、必ずしも同様な指導方針の基で、子どもたちに対して指導が行われているとは言えないのが現状です。ジュニア期は、選手育成に重要な時期でもあり、一貫した指導方針の基で指導を行うことが競技力向上に繋がっていきます。

近年、スポーツ種目によっては競技団体が主導となり、一貫指導システムを導入し成果をあげていますが、それは氷山の一角にすぎないのが現状です。このことからも、一貫した指導システムにおいて長期ビジョンを見据えじっくりと子どもを「育てる」ことが、日本のスポーツの普及・発展に繋がっていくと考えられます。そして、ジュニア期に競技スポーツを実践する子どもたちに「真のスポーツの楽しさ」を根付かせることにより、その子どもたちが各自のライフスタイルにおいて生涯にわたってスポーツに接することに繋がるのです。

2．総合型地域スポーツクラブについて

1）総合型クラブの特徴

スポーツは、すべての人が自由に楽しめるものであり、その目的を達成するには、誰もが自由にスポーツに親しめる環境づくりが必要不可欠となります。現在、子どもたちのスポーツ環境の現状は、学校部活動がほとんどを占め、部活動に属していない子どもたちがスポーツをする機会が限られています。また、単一種目・単一世代で行われていることが多く、一つひとつが別々の場所で個別に活動しているため、各団体間や年代間の繋がりが欠け、閉塞的なスポーツ環境となっています。

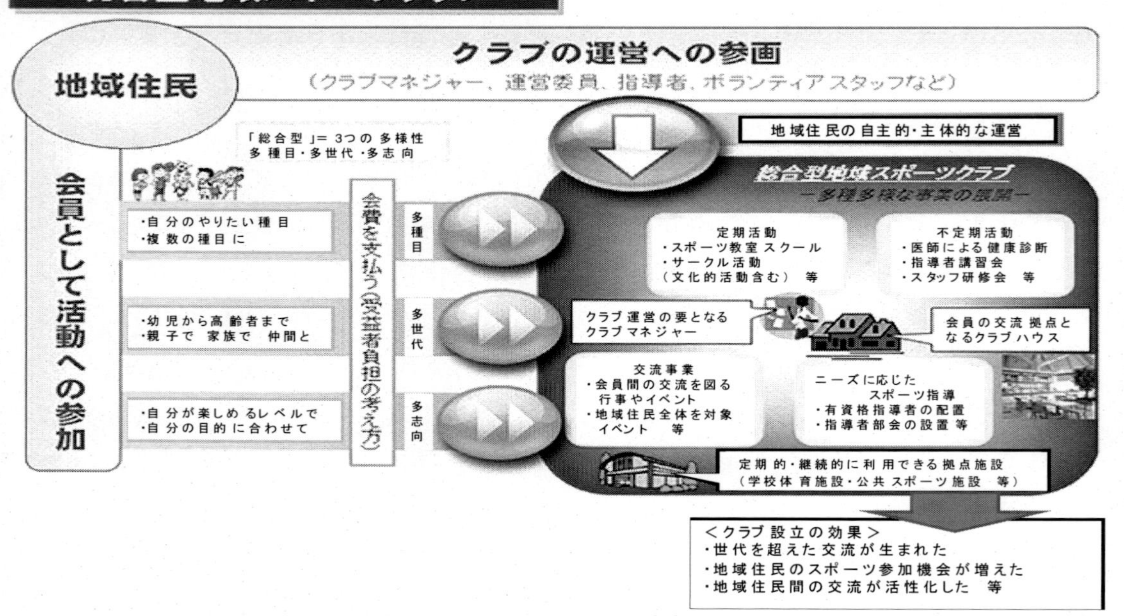

図１　総合型地域スポーツクラブ育成マニュアル（文部科学省 HP より抜粋）

このような現状を打開するために、人々が身近な地域でスポーツに親しむことのできる新しいタイプのスポーツクラブとして「総合型地域スポーツクラブ」が推進されることになりました。「総合型」は、様々なスポーツを愛好する人のための「多種目」、子どもから高齢者まで対応できる「多世代」、初心者からトップレベルまで、それぞれの志向レベルに合わせて参加できる「多志向」の３つの要素が含まれています。このような多様性を持ち、地域住民が自主的・主体的に運営していくスポーツクラブのことを総合型地域スポーツクラブと示しています。

日本で推進されている総合型地域スポーツクラブは、ドイツのスポーツモデルを参考にしていると言われています。ドイツのスポーツクラブは、1811 年体操クラブの創立から始まり、2009 年には、約９万のクラブが存続し、その会員数は約 2750 万人、ドイツ国民の約３人に１人は、スポーツクラブに所属していることになるほど成熟し、まさにスポーツ先進国の代表例であると言えます。

これだけスポーツクラブが盛んに行われている理由は、自由な時間をスポーツクラブで過ごすライフスタイルが定着し、自分自身がスポーツを満喫できるだけでなく、より多くの人と「楽しさ」を分かち合う参加者の満足度など有用性が確立されていることにあります。また、地域の活性化など公共の福祉を促進することに繋がっていることも大きな要因と考えられます。

2）スポーツライセンスの活用

経験の浅い指導者は、これまでの経験値から得たものを基に指導を展開することが多く見受けられますが、指導者の責務は、豊富な知識を持ち、各年代に応じた適切な指導を行うことです。その指導の言動が不適切であるとスキルの向上に繋がらず、更にひどい場合は、倫理面や安全管理においても配慮が欠落している指導者も見られます。総合型地域スポーツクラブが継続的な安定した運営を考えた場合、指導者の質も重要な要因となります。そこで、適切に指導できるスポーツライセンスを取得した信頼性の高いスタッフの確保やクラブスタッフの育成にスポーツクラブとして積極的に取り組まなければなりません。

スポーツライセンスとは、日本体育協会公認スポーツ指導者制度のことであり、その趣旨は、「国民スポーツ振興と競技力向上にあたる各種スポーツ指導者の資質と指導力の向上をはかり、指導活動の促進と指導体制を確立する」とされており、スポーツリーダー、競技別指導者、スポーツドクター、アスレティックトレーナー、スポーツ栄養士、フィットネストレーナー、スポーツプログラマー、ジュニアスポーツ指導員、マネジメント指導者の9つのカテゴリーから構成されています。クラブスタッフが、スポーツリーダー、競技別指導者の指導員、上級指導員、ジュニアスポーツ指導員、コーチ等の資格（ライセンス）を有することで、地域におけるスポーツ活動の指導的立場と成りえます。また、スポーツクラブとして外部指導者を改めて招聘する必要もなく、人件費のコスト削減となるメリットも考えられます。

また、スポーツクラブ運営には、経営資源の確保（会費の徴収、スポンサー収入等）と経費支出（施設使用料、指導者謝金の支払い等）のバランスを踏まえ、安定的に活動が継続するための経営戦略を練らなければなりません。そのためには、クラブ運営の専門的マネジメント知識を有する人材の確保が不可欠となってきます。先述の通りスポーツライセンスのカテゴリーの一つにマネジメント指導者があり、その中にクラブマネジャーとアシスタントマネジャーの資格が位置付けられています。スポーツクラブにこれらの資格を有する人材を配置することによりクラブ運営の安定的な経営が期待されます。

〔各ライセンスの役割〕

① スポーツリーダー：地域におけるスポーツグループやサークルなどのリーダーとして基礎的なスポーツ指導や運営にあたる役割を担う。（基礎資格）

② 競技別指導者

- 指導員：地域スポーツクラブやスポーツ教室などにおいて、初心者を中心に個々の性別や年齢などに合わせた競技別の専門知識を生かし技術指導等にあたる役割を担う。
- 上級指導員：指導員の役割に加え、事業計画の立案などクラブ内指導者の中心的な役割を担う。
- コーチ：地域において、競技者育成のための指導にあたる。また、広域スポーツセンターの巡回指導にも協力し高いレベルの技術指導を行う。

③　マネジメント指導者

・クラブマネジャー：総合型スポーツクラブにおいて、経営資源を有効に活用し継続的に快適な運営を実践できる健全なマネジメントを行う。

・アシスタントマネジャー：クラブマネジャーを補佐し、クラブマネジメントの諸活動をサポートする。

３．公共スポーツ施設の活用

１）ハード面の連携

個人スポーツは、アウトドア型スポーツ（ジョギング、ウォーキングなど）が増加傾向にあり、また、個人的に公共スポーツ施設に併設されているスポーツジムに行き汗を流すなど個人スポーツを行う場所の確保は容易となってきました。

一方、スポーツクラブが活動するには、その活動を実践できる施設の確保が必要不可欠です。スポーツクラブとは、総合型地域スポーツクラブだけでなく地域内で単一種目のスポーツに取り組んでいる小規模なスポーツクラブまで様々な形態があり、その全てのスポーツクラブを示します。これら多くのスポーツクラブが公共スポーツ施設の使用を希望しています。そこで、スポーツクラブは、公共スポーツ施設と密接に連携することで定期的に活動できる場所の確保に努めなければなりません。このように定期的な活動場所を確保することが、スポーツクラブの継続的活動を可能にし、地域のスポーツ振興に繋がります。

２）地域コミュニティ再生と地域力再構築の拠点づくり

多くの地域では、人との繋がりが希薄化し、地域力が低下していることが社会問題とされています。そこで、コミュニティ再生など地域の活性化のきっかけとして健康増進を促進するスポーツへの期待が高まっています。公共スポーツ施設においては、これらのことを踏まえ、地域住民のライスステージに応じた取り組みを提供するなど、地域と積極的に関わりを持つための事業が展開されているケースがみられます。このように行政、地域住民が一体となり創意工夫を繰り返しながら、公共スポーツ施設を拠点として、健康増進プログラムを含む多角的なスポーツ推進体制の確立を目指すことが、地域住民の健康増進を図るだけでなく地域のコミュニティ再生にも繋がり、地域力再構築の一助を担うことができると考えます。

〔引用・参考文献〕

日本スポーツ法学会編(2011)『詳解　スポーツ基本法』，成分堂.
黒川國児，浅沼道成，清水茂幸(2004)『改訂　生涯スポーツ概論』,中央法規.
文部科学省(2001)『クラブつくりの４つのドア』,文部科学省.
黒須　充(2009)『総合型地域スポーツクラブの時代 1』,創文企画.
原田宗彦，野間義之，村上佳司他(2011)『「スポーツファシリティマネジメント』,大修館書店.

2．スポーツイベント

Point

1．スポーツイベントによる地域の活性化の仕組みについて学ぼう
2．スポーツイベントの運営方法を知ろう
3．オリンピックと国際社会の関係について考えよう

1．スポーツイベントによる地域の活性化

1）大規模スポーツイベントがもたらす効果

大規模なスポーツイベントの代表的なものとして、オリンピックやサッカーのワールドカップが挙げられます。日本でも、1964 年の東京オリンピックを始め、2002 年 FIFA ワールドカップ、2007 年世界陸上が国内で開催され、開催都市の発展に大きな影響をもたらしました。

大規模スポーツイベントが開催されることによって、スポーツ施設の整備やそれに付随するアクセス道路、セキュリティ強化などの都市整備が行われ、これらの開発事業を通した経済効果が期待されます。更にイベント参加者の宿泊、飲食や記念品、日本伝統工芸品などの物販など経済の流通が盛んとなり、経済効果に大きく影響を及ぼします。

また、メディアを通じて開催都市の知名度が上がることに加え、近年では「支えるスポーツ」としてイベントにボランティア等で参加した地域住民の連帯感が高まることも期待でき、地域の活性化に繋がると考えられています。

2）地域密着型スポーツイベント

サッカーのＪリーグ、バスケットボールの bj リーグなど地域密着型プロスポーツチームが、自治体や住民をはじめとする地域の協力、支援を受けて設立され、チーム数も増加傾向にあります。この地域密着型チームにおいては、例えば子どもたちへのスポーツ教室やクリニックなど「チーム」が積極的に地域貢献することで、「地域」のファン、企業、行政が「チーム」をサポートする協力体制が深まっていきます。また、イベント（試合）の開催は、地元で継続的に行われることもあり、一過性のスポーツイベントではなく「観るスポーツ」「支えるスポーツ」として、継続的に地域の活性化を担っていると考えられます。

3）参加型スポーツイベント

近年では、「するスポーツ」として参加型のスポーツイベントの開催も盛んになってきました。大都市マラソンとして「東京マラソン」が開催され、大成功を収めました。その後、「大阪マラソン」など行政を中心としながら多くの都市で開催され、参加者が急増してきていま

す。このランニングブームの要因は、多くの人が集まり成立するチームスポーツでなく、自分の時間や都合に合わせて行えるなど、日常生活の延長線上で手軽に楽しめる活動であることが考えられます。現在は、各地で都市型マラソン大会が開催されています。これらの参加型イベントは、地域ボランティア等の協力を得て成立しています。

このことから、参加型イベントは沿道での給水や観客・参加者の導線整備のボランティア等を示す「支えるスポーツ」と実際にイベントに参加する「するスポーツ」の両側面の観点から地域の活性化に繋がっていくと考えられます。

２．スポーツイベントの運営

１）大規模イベントの対応と警備・管理体制

大規模イベントは、通常をはるかに上回る来場者数が見込まれます。そこで事前に予想される様々な事象を想定し対応策を講じなければなりません。特に、大規模イベントではメイン会場だけでなく、同時に会議室等複数の施設を利用する場合が多いため、全てのセクションにおいてセキュリティの強化を図る必要があり、事前に綿密な警備計画を作成しなければなりません。イベント運営時の警備・管理体制については、その業務の特殊性から警備（セキュリティ）関連にアウトソーシングすることが多く、その具体的業務内容は大きく５つに分類されます。

① 交通誘導：地域住民に対する迷惑の回避、駐車場入口の交通整備近隣駐車場への誘導案内

② 入退場の管理：来場者の安全確保、最寄り駅との連携・入場待機導線の確保と入場制限

③ 会場内導線の確保：選手、大会関係者、観客者との導線の区別化

④ イベント中の巡回：不審物・不審者の発見、窃盗予防

⑤ 乱闘等への対応：来場者間のトラブル等

２）地域・警察署・消防署との連携・協力体制の構築

突発的な事故に対して敏速に、かつ適切に対応するには、イベント主催者と施設の連携・協力体制に加え、地域・警察署・消防署との連携・協力体制の構築をすることが重要となります。

① 地域との連携

スポーツ施設駐車収容台数を超えた場合、近隣で渋滞、不法駐車も起こる可能性が高いため、事前に地域住民にイベントの開催を周知し、理解を求めることが必要です。

② 警察署との連携

イベント開催に関して警察への法的な届け出の義務はありませんが、報告をすることが望ましいです。警察においてもイベント情報を入手することでトラブルが発生した際、

敏速な対応が可能となります。

③ 消防署との連携

新たに観客席を仮設及び、増設する場合など通常の形状ではない利用、イベント中の火気（火薬、スモーク等）の使用等については、避難経路の確保など安全面に関して規定されている消防法に基づき届出の義務が課せられます。イベント前に消防署の立入検査（インスペクション）がなされ、消防法に基づいた使用がなされているか点検が行われます。

3．オリンピックと国際社会

1）オリンピックがもたらす国民生活への影響

近代オリンピックは、クーベルタン男爵の提唱により、1896年にギリシャ・アテネで第1回夏季大会が開催され、現在では、4年に1度行われる代表的な国際スポーツイベントです。また、近代オリンピックの象徴でもある「オリンピック・シンボル」の五輪は、世界5大陸（青：オセアニア、黄：アジア、黒：アフリカ、緑：ヨーロッパ、赤：アメリカ）を表しており、5つの重なり合う輪は、平和への発展を願ったものとされています。これまで夏季1回（1964東京）、冬季2回（1972札幌・1998長野）のオリンピックが日本で開催されています。

2001年に日本オリンピック委員会(JOC)は、競技力の衰退を懸念して「ゴールドプラン」を策定し、オリンピックのメダル獲得数の倍増を目指すことを目的に、ジュニア期から組織的・計画的な選手育成を提唱し、強化指定選手の一貫指導に着手しました。その活動拠点としてナショナルトレーニングセンター（NTC）が設置され、強化システムの確立を図ってきました。その成果として2004年アテネ大会では金メダル16個を含む37個のメダルを獲得しました。また、2012年ロンドン大会では「マルチサポート事業」も導入され、史上最多の38個のメダルを獲得しましたが、残念ながら金メダル数は7個と減少傾向を示し、今後の課題も残しました。

オリンピックでの日本選手団の活躍は、不景気や震災などで暗い社会において、人々に感動や勇気を与え、大きな活力が生まれ、様々な場面においてオリンピックの波及効果が表れたと考えられます。

2）オリンピックの歴史や動向

現代のスポーツは、オリンピックの動向の理解が不可欠となっており、併せて最新のスポーツ報道の内容を読み解くことで、オリンピックの歴史や諸問題を理解することが重要であると考えられます。そこで、近代オリンピックの歴史を国際情勢や国内情勢と対比させながら、その間に起こった様々な事件や出来事を紹介します。

＜オリンピックのトピックス＞

1992 年　バルセロナオリンピック（スペイン）

・169 の国・地域が参加：参加人数 9,367 名、25 競技 257 種目

・プロ選手のオリンピック参加の加速化：バスケットボール競技において、マイケル・ジョーダンなど NBA スーパースター選手がアメリカ代表として参加

・日本人最年少金メダリスト誕生：競泳女子 200m 平泳ぎ　岩崎恭子選手（当時 14 歳）

1996 年　アトランタオリンピック（アメリカ）

・197 の国・地域が参加：参加人数 10,320 名、26 競技 271 種目

・オリンピック公園での爆破事件：2 名が死亡、111 名が負傷、ミュンヘンオリンピック（1972 年）で発生したテロ事件以来の惨事

・男子サッカー：1 次リーグ　日本が 1 - 0 でブラジルを破る（マイアミの奇跡）

2000 年　シドニーオリンピック（オーストラリア）

・199 の国・地域が参加：参加人数：10,651 名、28 競技 300 種目

・開会式で韓国と北朝鮮が統一旗を掲げ、合同行進をおこなう

・オーストラリアの先住民・アボリジニの選手に注目が集まる

・インドネシアから独立した東ティモールが初参加

2004 年　アテネオリンピック（ギリシャ）

・201 の国・地域が参加：参加人数：10,684 名、28 競技 301 種目

・2001 年に日本オリンピック委員会（JOC）が「JOC ゴールドプラン策定」
ジュニア期からの組織的・計画的な強化指定選手をナショナルトレーニングセンター（NTC）等で、一貫指導することによりオリンピックメダル獲得数の倍増を目指す計画（2010 年までにメダル獲得率を 3.5%）
＊アテネ大会：メダル獲得率 4.0%（メダル数 37 個）

2008 年　北京オリンピック（中国）

・204 の国と地域が参加　：参加人数 11,193 名、28 競技 302 種目

・チベット問題　：中国によるチベット弾圧に対して、世界中で非難の声が高まり、中国でのオリンピック開催に否定的な動きがあった。そのため、聖火リレーの沿道での抗議や妨害も各地で見られた。

・野球とソフトボールがオリンピック最後の開催となった。（ロンドンから除外種目）

2012 年　ロンドンオリンピック（イギリス）

・204 の国と地域が参加　：参加人数 10,191 名、26 競技 302 種目

・本大会の開催期間は、イスラム教では断食（ラマダーン）の時期であり、本来の力が発揮できないことを理由にイスラム国家オリンピック委員会から抗議があがった。

3）オリンピック開催地決定方法

2020年のオリンピックの開催地に東京も立候補しています。オリンピック開催地の決定方法について理解することでオリンピックについて、より関心が深まるのではないでしょうか。オリンピックの開催地都市は、IOC（国際オリンピック委員会）で決定されます。オリンピックを開催することで、その開催地は、経済効果が高まるなど様々な波及効果が期待されることもあり、立候補する都市は様々なセールスポイントをIOCに向け発信します。開催地決定までのプロセスは次の通りです。

① 国内で立候補地を決定（立候補は各国1都市のみ） IOCから立候補地として認定
② 立候補地を委員会メンバーが視察（発表される評価報告書が重要）
③ 開催から7年前のIOC総会で投票が実施

投票は、投票権を持つIOC委員の過半数を獲得するまで行われます。1回目の投票で過半数の支持を得られた国がなかった場合、最も支持数が少なかった国が落選となり、残りの立候補国で2回目の投票が行われます。

表1は、シドニーオリンピック開催地決定の背景を示したものです。3回目の投票まで北京が、最も多くの支持がありましたが、4回目の決選投票でシドニーが逆転して開催地となりました。その背景には、「アメリカ議会が人権問題で中国を批難したことや、3回目の投票で落選したマンチェスター（イギリス）を支持していた国の票のほとんどがシドニーに移った」ことが挙げられます。日本も2008年の大会に大阪市が、2016年の大会に東京都が開催地に立候補しましたが、いずれも落選しています。南米初のオリンピックとしてリオ・デジャネイロ（ブラジル）に開催地が決まった2016年大会の招致活動において、東京都は会場や都市のインフラ、安全面で高い評価を受けましたが、他の都市に比べて「国民の支持の低さ」が指摘されました。2020年大会の招致活動では、東京をはじめイスタンブール（トルコ）、マドリード（スペイン）の3都市が候補都市として残っています。東京がオリンピックの開催地に選出されるためには、2016年の課題を解決することが重要な鍵を握っていると考えられます。

表1 2000年夏季オリンピック開催地投票

都市	国	1回目	2回目	3回目	4回目
シドニー	オーストラリア	30	30	37	45
北京	中国	32	37	40	43
マンチェスター	イギリス	11	13	11	―
ベルリン	ドイツ	9	9	―	―
イスタンブール	トルコ	7	―	―	―

〔引用・参考文献〕

原田宗彦，野間義之，村上佳司他（2011）『スポーツファシリティマネジメント』,大修館書店.

３．スポーツとメディア

Point

１．メディアについて理解しよう
２．インターネットの普及によるスポーツメディアの変化について学ぼう
３．スポーツとマンガの関係について知ろう

１．メディアについて

１）メディアの変遷

「メディア」とは、「媒体」「手段」のことを指し、特に新聞、ラジオ、テレビなどの媒体から発信される情報伝達の手段のことを「メディア」と示します。また、「マスメディア」「マスコミ」などの言葉をよく聞きますが、「マス」には、「大衆」という意味があります。

明治期（1870 年代～）のメディアは、「新聞」「ラジオ」「書籍」などの活字メディアが中心でしたが、大正末期（1920 年代～）から「ラジオ」「テレビ」「映画」などの電子メディアが主流となってきました。そして、急速に情報の伝達が発展し、平成期（1990 年代後半～）では、「インターネット」の普及により、「スマートフォン」「携帯電話」、「パソコン」などを媒体にしながら、「どこでも」「いつでも」簡単に情報を入手することができるデジタル時代に大きく変化してきました。この「情報伝達」の仕組みに関しては、今後更に進化することが予想されます。

２）スポーツとメディアの関係

昔からスポーツはテレビ放映をすると高い視聴率が取れることにより、スポーツの普及とメディアは共にメリットのある関係で繋がっています。

高校スポーツの主催・後援を見てみると新聞社が多くを占めています。例えば、春の高校バレーは「産経新聞社」、夏の高校野球は「朝日新聞社」、冬の高校サッカーは「読売新聞社」となっています。このことは、自社の新聞にスポーツ報道を盛り込むことで、新聞社も全国的な販売網を確立することができると考えられているからです。

また、現在のプロ野球の巨人、中日、ソフトバンク、楽天、DeNA に共通している点は、球団のオーナー（持ち主）がメディア関係の会社という点です。このことからもスポーツとメディアの関係が密接であることが伺えます。

3）テレビによるスポーツの情報伝達の推移

これまでスポーツに関するテレビ放映は、国技である「相撲」とプロ野球は継続して放映されてきましたが、特にプロ野球のテレビ放映については、様々な点で著しく変化しています。

プロ野球「巨人戦」の視聴率は、1975年より1999年まで20%を超えていましたが、それ以降、視聴率が急激に減少し2006年では9.6%まで落ち込みました。また、2010年のプロ野球セ・リーグ開幕カード第2戦（巨人-ヤクルト）の平均視聴率は、7.9%でしたが、同じ時間帯に放映していたボクシングタイトルマッチ(亀田興毅-ポンサクレック戦)が22.1%、浅田真央選手らが出場した世界フィギィアスケート選手権女子ショートプログラムが19.9%（いずれも関東地区ビデオリサーチ調査）と高視聴率をマークしました。

これはプロ野球の人気が低下したことが主たる要因ではなく、これまで地上波であったテレビ放映がBS、CSなどスポーツ専門チャンネルでスポーツ観戦することが可能となったことが最も大きな要因であると考えられます。すなわち、多チャンネル化時代となり、スポーツがより身近な存在になってきたことを意味します。

4）スポーツのエンターテイメント化

スポーツのエンターテイメント化は、スポーツファン以外にも興味・関心を持ってもらうことでスポーツの普及と視聴率を高めることを狙いとして取り組まれているケースが増えてきています。例えば、バレーボールワールドカップ戦は、芸能プロダクションであるジャニーズ事務所とタイアップすることでスポーツに関心のないジャニーズファンをバレーボールのファンの拡大に繋げることを狙いとして取り組まれています。

また、メディア（テレビ）を意識したルール改正も行われています。バレーボールにおいては、およそ1試合に要する時間が予測できるラリーポイント制（1999年改正：サーブ権なしで、1セット25点先取）が導入されました。また、サッカーの試合開始時間、アメリカンフットボールのテレビ（CM）タイムアウトなど，放映時間などを考慮したルール改正も行われています。

従来のオリンピックでは、競泳全種目、体操団体、個人種目は、午前中に予選、午後に決勝が行われていましたが、2008年に開催された北京オリンピックでは、午前中に決勝が行われました。これは、米国と北京では時差があり、米国でのテレビ放映の時間を考慮したための変更でした。

更にスポーツ選手のノンフィクションの手法を用いたドキュメント番組の制作も増加してきました。「物語」を映像とナレーションによって視聴者に伝えることで、スポーツに関心の低い人も「生き方のプロセス」を知ることができ、また、多くの共感を得ることも高視聴率に繋がることが期待できるからです。
そして、昭和期後半（1990 年代）からスポーツ選手がテレビのバラエティ番組に登場するようになり、スポーツ選手が「身近な存在」となってきました。スポーツ選手のテレビ番組や CM 出演の増加に伴い、アスリート以外の側面（スポーツ選手のタレント化）にも注目が集まり、スポーツのエンターテイメント化が更に加速しています。

２．インターネットの普及によるスポーツメディアの変化

１）インターネットの発達

1997 年度末のインターネット普及率は 9.2%でしたが、2011 年度末には 79.1%まで急速に増加し、現在では、普及率がほぼ 100%に達し電波からデジタル時代に転換されてきました。また、総務省 情報通信政策局情報通信経済室調べによるとインターネット利用率は、若年層の 2 時間以上の活用率が 45.9%を占め、高齢者においても 3 時間以上の活用率が 13.2%を示し、インターネットが年齢層に関係なく幅広く活用されていることが伺えます。

２）デジタル時代の生活

デジタル化の発展により、これまでの１つのメディアから発信された情報を多くの受信者が受け取る「１」対「多数」のコミュニケーションから、複数のメディアから発信された情報を受信者側も多くの情報を制限なく選択できる「1」対「1」のコミュニケーション型に変化してきました。
インターネットの活用によって、世界中の情報をその場にいながら知ることができることから、ビジネスの相手も世界に広がり、これまでの「距離」の問題が解消されました。また、メール交換、情報公開が時間に拘束されることなく発信・受信することが可能となり「時間」の問題も解消されるようになりました。更にインターネットを活用したオンラインショッピングも普及し、日常生活も大きく変わろうとしています。

３）双方向性（インタラクティブ）への発展

これまでのスポーツ選手の動向は、テレビや新聞といったメディアを通して、ファンにメッセージを発信していましたが、ソーシャルメディアが普及することにより、ブログ等を通じで「スポーツ選手自身の心境」「引退」「結婚・交際」など、ファンに直接メッセージを送ることができるようになりました。ファンとスポーツ選手との親近感が高まり、スポーツへの関心がさらに深まったとされています。
旧来のメディア（新聞、ラジオ、テレビ）は、送り手から受け手への一方向でしたが、現在では、受け手からもレスポンスが可能となり、視聴者参加型へ発展してきました。その結

果、インターネット上でスポーツに関して共通の趣味や関心をもった人同士の繋がり、多くのコミュニティの形成がなされています。例えば、「古典的なファン・コミュニティ」「収集型コミュニティ」「体験型コミュニティ」「目的達成型ファン・コミュニティ」「交流型ファン・コミュニティ」などが挙げられます。場合によっては、インターネット上だけでは留まらず、実際に会合を開くまで発展していることもあります。

しかし、一方でデジタル時代の課題も出現しました。情報の氾濫の問題（正しい情報の取捨選択の必要性）、ブログなどによる問題発言などモラルの問題、情報（コンテンツ）の2次、3次利用による情報権利の保護の問題などが挙げられます。

4）ソーシャル五輪の開幕

2012年に開催されたロンドンオリンピックは、フェイスブックやツイッターなどのソーシャルメディアが積極的に取り入れられた最初のオリンピックです。オンライン中継が可能となり、スマートフォン向けの公式アプリも公開されました。一方で、オリンピックのスポンサー企業も様々なソーシャル的な企画を発信することで企業の認知度や経済効果を狙った取り組みがされました。

特にロンドンオリンピックで注目すべきことは、国際オリンピック委員会（IOC）が、積極的に選手たちにソーシャルネットワークの活用を施したことです。先述の通り、これまでファンはメディアを通じての一方向の情報を受けることに留まっていましたが、ソーシャルメディアを活用することで、ファンは直接、選手とコミュニケーションをとることが可能となりました。選手は、ファンの声援をツイッターアカウントなどで確認することが励みとなるといったように、ファンだけでなく選手にとっても大きな意味を持つこととなりました。

2014年に開催されたソチオリンピックでは、フィギュアスケートの浅田真央選手がショートプログラムでまさかの16位と低迷しました。このことに対してウズベキスタンのミーシャ・ジー選手が「#MaoFight」とツイッター上で浅田選手に応援を呼びかけたところ、大勢の選手やファンから25,000件以上の応援メッセージが届き話題となりました。

このようにオリンピックに出場している選手は、競技に出場しているだけでなく、自分自身でメッセージをファンに伝える「メディア的要素」を担い、他の選手を応援する「ファン」としてもソーシャルネットワークを活用するようになりました。

3．スポーツとマンガの関係

1）日本のスポーツマンガの歴史

マンガの要素は、「絵と文字による解説」「ストーリーがある」「人物のセリフが文字によって表現される」「連続したコマで構成されている」などが挙げられます。また、日本最古のマンガは、平安時代の「鳥獣人物戯画」とされ、紙芝居から1960年代に「少年マガジン」「少年サンデー」などが発行され、大衆の文化として定着してきました。

スポーツマンガは、1960年代~70年代にかけ「巨人の星」「明日のジョー」などの“スポ根”いわれる「努力と根性」で栄光を勝ち取る人間ドラマやヒーローが誕生する内容で描かれてきましたが、1980年代に入ると「キャプテン翼」「タッチ」など“脱スポ根”として「友情」や「恋愛」の要素が多く含まれる内容と変わり、更にバスケットボールを題材にした「スラムダンク」などでは、競技性も含まれる内容へと変化を遂げてきました。

２）マンガとスポーツの相互関係

スポーツとマンガには、多くの共通点があります。それは、「子どもの興味・関心をひく」ことや「キャプテン翼」や「ドラゴンボール」などの作品が翻訳され多くの国で発行されていることから「世界共通の話題」であることです。そのことを受け、最近では、作品に実際のスポーツ選手やチームが出演するなど「マンガ」と「スポーツ」がコラボレーションする作品も発表されています。

スポーツマンガを見ることで、作品に描かれている競技種目にも興味を持ち、その影響を受け学校部活動などで競技を始める事例もあります。先述のバスケットボールを題材とした「スラムダンク」が発行されたことにより、1990年では550万人の競技人口が、1995年には、640万人に拡大した報告もなされています。

この様にマンガとスポーツとは様々な共通点を有し、相互関係で結ばれていることが伺えます。

３）スポーツマンガとマーケティング

「クール・ジャパン」とは、日本独自の文化が海外で評価をうけている現象を示す言葉です。マンガやアニメのポップカルチャーから食材や伝統工芸など広範囲にわたった文化を指しています。

2010年に東京工芸大学が行った「クール・ジャパン」に関するアンケートでは、テレビアニメが上位にランクインするなど、日本のマンガは世界的に認知度が高いことが伺えます。このようなことも含め、政府や企業はクール・ジャパン現象を推進することに力を入れています。

企業はスポーツマンガに登場するキャラクターに注目し、商品のCMなどにイメージキャラクタとして採用しています。年配の世代をターゲットにした商品には子どもの頃に見たマンガを採用し、若い世代には新鮮なキャラクターを採用するなど様々な工夫を凝らし幅広い年代にアプローチをするなど、マンガを活用したコマーシャリングが拡大しています。

この様にマンガからの商品化だけでなく、映画化、ミュージカルに発展することもあり、マーケティングの観点からもマンガとスポーツの関わりの深さが分かります。

〔引用・参考文献〕

・備前嘉文『スポーツメディア論』天理大学資料、2014.11

・徳力基彦『ソーシャル五輪　新たな観戦の可能性開く』日本経済新聞、2012.8

・徳力基彦『「ソーシャル五輪」ソチ20年の東京、学ぶ点多く』日本経済新聞、2014.3

4．スポーツと健康

Point

1．健康づくりに必要な運動量について理解しよう
2．運動（スポーツ）の効果とリスクについて理解しよう

1．健康づくりと運動

運動と生活活動からなる身体活動の強さや量を表す単位として、「メッツ」や「エクササイズ」が使用されています。「メッツ」は身体活動の強さを安静時の何倍に相当するかで表す単位で、座って安静にしている状態が 1 メッツとなります。「エクササイズ」は身体活動の量を表す単位で、メッツに実施時間をかけたものです。

たとえば、8 メッツの身体活動を 30 分行った場合は、8 メッツ×1／2 時間＝4 エクササイズとなります。健康づくりのためには、「1 週間に 23 エクササイズの活発な身体運動、そのうち 4 エクササイズは活発な運動」が推奨されています。活発な身体活動を行うと消費エネルギーが増えるため内臓脂肪が減少し、その結果、生活習慣病の予防につながると考えられています。運動による体力の向上も生活習慣病の予防に効果的です。

2．健康づくりのための適当な運動量

スポーツが健康維持、増進のために有効であることは多くの人が知っています。しかし、どの程度の運動を行えばよいのか正しく理解している人は多くありません。過度な運動は、前述したようなリスクを伴うこともあります。逆に、運動量が少なすぎると望んだような成果を得ることはできません。厚生労働省は「健康づくりのための運動指針」をまとめ、その中で「健康づくりのための運動所要量」および「適当な運動例」をまとめ公表しています。

表１　１エクササイズに相当する活発な身体活動

強度	3 メッツ	4 メッツ	6 メッツ	8 メッツ
運動	バレーボール 20 分 軽い筋力 トレーニング 20 分	ゴルフ 15 分 速歩 15 分	エアロビクス 10 分 軽いジョギング 10 分	水泳 7～8 分 ランニング 7～8 分
生活活動	歩行 20 分	自転車 15 分 子どもと遊ぶ 15 分	階段昇降 10 分	重い荷物を運ぶ 7～8 分

表２　運動で消費するエネルギー量

		速歩	水泳	自転車（軽い負荷）	ゴルフ	軽いジョギング	ランニング	テニスシングルス
強度（メッツ）		4.0	8.0	4.0	3.5	6.0	8.0	7.0
運動時間		10	10 分	20 分	60 分	30 分	15 分	20 分
運動量（エクササイズ）		0.7	1.3	1.3	3.5	3.0	2.0	2.3
体重別ｴﾈﾙｷﾞｰ消費量	50 kg	25kcal	60kcal	55kcal	130kcal	130kcal	90kcal	105kcal
	60 kg	30kcal	75kcal	65kcal	155kcal	155kcal	110kcal	125kcal
	70 kg	35kcal	85kcal	75kcal	185kcal	185kcal	130kcal	145kcal
	80 kg	40kcal	100kcal	85kcal	210kcal	210kcal	145kcal	170kcal

３．運動（スポーツ）の効果

現代社会では、交通手段の発達や肉体労働の減少など、運動不足に陥りやすい状況が多々あります。厚生労働省は、健康維持のため１日１万歩の歩行数を目標に掲げていますが、平均的なサラリーマンの１日あたりの歩行数は 5,000～6,000 歩と言われています。多くの日本人が、近距離であっても車やバイクなどの交通手段を用いて移動することが多くなってきているのではないでしょうか。

運動の効果は、身体的なものとして、まず体力の向上が挙げられます。体力の向上は、生活習慣病の予防に役立つだけでなく細菌などに対する抵抗力を高めることにつながります。また、精神的な効果として、ストレスの解消に役立つと言われています。その他、運動が多くの仲間との良好な関係を築くことに役立つことも多く、社会性の向上にもつながります。このように運動は、健康の３つの定義である「身体的健康」「精神的健康」「社会的健康」の全ての面において有効であると考えられるのです。

４．運動（スポーツ）のリスク

前述のように、運動は健康の維持増進に大変有効であることは明らかですが、そこにはいくつかのリスクが介在しています。もっとも大きなリスクは、ケガや病気につながる可能性です。健康のために行う運動で、ケガをしたり病気に罹ったりしては意味がありません。運動は全身の臓器に影響を与えるため、肥満や持病がある人にとっては大きなリスクを伴います。適切な運動を適量行うことが重要であり、そのためには専門家の指導を受けることが大切です。中高年が若いころのイメージのまま運動を行うことも大きなリスクがあります。一般的に人間の身体は 25 歳をピークに衰えていくものです。そうした自覚なしに無理な運動を行うことで、肉離れを起こしたりやアキレス腱を断裂したりすることはよくあることです。特に中高年は、運動前後のストレッチは当然として、自らリスクを回避するために自分の能力の7〜8割で運動するイメージを持つことが大切です。

青少年に関しては、身体的なリスクは少ないと考えられていますが、まれに過度な勝利至上主義が精神的、社会的悪影響を及ぼすことが指摘されています。健康のために運動するのではなく、自分の技量を高め勝利することを最大の目標に置くことも多いのではないでしょうか。もちろん、こうした側面にマイナスだけでなくプラスの効果もあります。しかし、運動（スポーツ）の楽しさを忘れてしまうほどの勝利至上主義は行き過ぎであると言わざるを得ません。

５．スポーツ障害

スポーツ障害とは、スポーツなどで身体を酷使することにより発生する疾患を呼びます。プロ・アマ問わず多くのスポーツ選手が様々な障害を抱え、中には競技を継続できなくなるケースも見られます。特に成長期の未成年者に与えるダメージは深刻で、過度な勝利至上主義や精神主義が取り返しのつかない結果を招くこともあります。選手と指導者が一体となり、障害の予防に努めなくてなりません。

脊椎や腰椎の一部が飛び出すことで痛みが発生する「椎間板ヘルニア」、膝の皿が損傷する「半月板損傷」、関節を覆っている人体に損傷が起こる「靭帯損傷」のほか、野球によって発生する「野球肩」や「野球肘」、ジャンプの繰り返しによって発生する「ジャンパー膝」中高生に多く見られ膝や脛に痛みの出る「オスグッド病」など、様々なスポーツ障害があります。

使いすぎ（オーバーユース）によるもの以外にも、スポーツ時に発生しやすい障害として、「突き指」「脱臼」「捻挫」「骨折」「打撲」「肉離れ」などがあり、こうした障害のケアが不十分な場合さらに深刻な障害へとつながることがあります。

十分な準備体操やストレッチ、スポーツ後のクールダウンなどがスポーツ障害のケアに重要であることは言うまでもありません。また、ケガの防止や症状の軽減のためには適切なテーピング技術も効果的です。

〔引用・参考文献〕

厚生労働省，運動所要量・運動指針の策定検討会（2006）『健康づくりのための運動指針』.

５．健康を維持するための中高年者・高齢者のスポーツ

Point

１．運動習慣の定着について理解しよう
２．中高年者・高齢者の体力について考えよう
３．高齢者の体の変化を考えよう

１．生涯を通じた運動習慣の定着

１）中高年者の健康とスポーツ

中高年者が運動・スポーツをする目的は様々ですが、体力の維持向上のほか生活習慣病の予防・要介護の予防（病態生理的効果）、ストレスの発散・生きがいを実感すること（精神心理的効果）などがあげられます。仕事や家事などにおいて、多忙な毎日をおくっている現状から、運動・スポーツにあてる時間を十分に確保できないことも考えられますが、日常生活の適度な運動実践により、体力を高めることも可能なのです。

1946 年、WHO 憲章に「健康とは、身体的、精神的、社会的に完全に良好な状態であり、たんに病気あるいは虚弱でないことではない」と定義されました。一方、生涯スポーツは、「人間が生涯を通して文化としてのスポーツを学習し、享受し、生活化していくこと」と定義されています。これは、スポーツ活動が、生活文化として定着し、生活の質（Quality of Life）の向上への結びつきが意図されています。健康面では、身体活動量の増加により生活習慣病の予防効果も高まると考えられます。運動習慣が定着している人は、健康状態、経済状態、生活環境、家庭生活および人づき合いの満足度が高い傾向があるとともに、自己効力感や精神的満足度の高揚に影響していることが報告されています。

次に体力面ですが、運動をほとんどしない場合、持久力、筋力などを中心にして行動体力が低下するとともに、防衛体力も低下します。行動体力として、加齢にともなう下肢筋肉量の変化を例にすると、40 代以降も大腿部後面の筋力はある程度維持されますが、大腿部前面の筋力は、加齢とともに落ち込む傾向があります。さらに、防衛体力として病気への抵抗力が低下しやすくなります。運動不足がもたらす病気では、狭心症、心筋梗塞、高血圧症、肥満症、糖尿病などがあげられます。

２）運動習慣の定着と動機づけ

中高年者に期待される運動効果は、エネルギーの消費、筋肉の強化、柔軟性の向上、心肺機能の強化などがあげられます。これらは、健康の保持増進はもちろんのこと、生活習慣病

の予防につながり、健康で豊かな生活スタイルを構築し、生活の質を高めていきます。しかし、不定期な運動習慣では、あまり運動効果を期待することはできないので、運動の習慣化が望まれます。

〔継続可能な運動〕

① 運動体験から爽快感を得る

運動に抵抗感を持たないためにも、運動中や運動後に爽快感が得られることを体験してみます。これにより、次回への取り組みがより積極的になってきます。

② 身体的・精神的効果を認識する

身体的・精神的効果を高めるために、無理なく、継続可能な楽しい運動の方が定着しやすくなります。

③ 個々に応じた運動を実践する

個々の能力に合わせて運動強度・量を段階的に少しずつ増やしていきます。同じ筋肉や関節を慢性的に使うと障害や炎症がおこりやすいので、バランス良く選択の幅を広くするなどして、継続可能な好みの運動を実践していきます。

このように、運動の楽しさや快適さを得るために爽快感が得られるもの、運動の習慣化のために継続可能なもの、複数種目の選択が可能なものなどを取り入れると運動の動機づけを得やすくなります。また、運動の種類としては、筋肉の保持増進のための筋力運動（腹筋・背筋運動やダンベル運動など）、持久力の維持向上および脂肪の燃焼のための有酸素運動（歩く、走る、泳ぐなど）、体力の保持増進、ストレス解消、生きがい発見などによるレクリエーション（仲間と楽しむ、競うなど）などの軽運動も運動習慣の定着に結びつきやすいと考えられます。

２．高齢者とスポーツ

１）高齢者に必要な体力

現在、世界的潮流のひとつに急激に進む人口の高齢化があげられ、日本も高齢化社会に突入しています。2013 年の日本人の平均寿命は女性 86.61 歳、男性 80.91 歳と報告されました（厚生労働省）。宮下（2004）は、高齢化社会が進んだ主な理由として、次の三つをあげました。一つめは、機械化が進み、過酷な労働から開放されたこと。これにより労働時間が短縮され、疲労からの回復を早めたと指摘しています。二つめは、食料が十分に得られるようになったこと。このことは、栄養改善がなされ、体力を高めることにもつながりました。三つめは、保健・医療制度が高度に発達・普及したこと。このことは、病気にかかったとしても迅速で適確な処置がなされ、早期治療に有効に作用していると考えられます。続けて、健やかに老いるためには、「行きたいときに、行きたいところへ、他人の介助なしで行ける能力」を有していることが必要条件と述べています。さらに、高齢者に望まれる体力として、①余裕をもって 4 km ぐらい歩ける、②30 段位の階段をしっかり上がれる、③片足跳びができる、をあげています。特に、歩行は最も基本的な移動動作で日常生活に必要な体力です。つまり、通常の歩行が困難でない程度の体力の維持は、高齢者の活動を広げ、老化を遅らせることにつながるのです。

2）高齢者にすすめられる軽度の運動・スポーツ

高齢者にすすめられる屋外スポーツとして、グラウンドゴルフ、ウォーキング、ノルディックウォーキング、軽いジョギングなど様々な運動があげられます。これらは、筋力が衰えてきた高齢者でも、膝関節や腰などに負担がかからないことや関節の可動域が広がるなどの利点があげられます。また、屋内スポーツでは、フィットネスや水泳（水中歩き含む）、そして気軽に楽しめる軽度の室内スポーツなどがあげられます。運動・スポーツ機会が少なかった高齢者は、勝敗にこだわらない精神的ストレスの解消を求めたり、コミュニケーションの場として運動・スポーツを楽しんだりしています。このように、体を動かすことを通じて仲間と楽しみ、互いに励まし助け合うなかで、達成感や爽快感を得ることも期待できます。すなわち、生涯を通じて健康で豊かな運動・スポーツライフを構築することができるのです。

3）非活動的な生活がもたらす体力の衰え

現代の私たちの日常生活は、移動用機械の増加、生活の省力化・機械化などにともない、筋肉を働かせない運動不足の日常生活を送りやすくなっています。すなわち、自分で動くことをしないと必要な運動量を得にくいといえます。人は加齢とともに、運動量が減少し、それにともない身体機能も低下し、機能の衰退が確認されます（加齢→運動量の減少→身体機能・体力低下→老化の自覚→身体活動の減少→機能の衰退→加齢）。この循環は、老化を促進させる原因になるのです。さらに、高齢化や体力低下が進むと、高齢者の三大健康問題（痴呆、転倒、失禁）が懸念されます。なかでも、「転倒」は骨・関節の形態変化、感覚障害などから寝たきりの原因にもなります。この循環を早急に防ぐには、身体機能・体力低下速度を抑制するための適度な運動、老化にブレーキをかける意欲、そして意欲の高まりによる積極的な行動などが大切な要因となります。

〔引用・参考文献〕

宮下充正（2004）『年齢に応じた運動のすすめ-わかりやすい身体運動の科学』，杏林書院.

６．障害者スポーツ

Point

１．障害者スポーツの歴史や現状について理解しよう
２．障害者スポーツ競技大会の現状について理解しよう

１．障害者スポーツとは

障害者スポーツは、リハビリテーションの一環として行われてきた経緯から厚生労働省が管轄してきました。一方、スポーツ全般は文部科学省が管轄しています。この違いによって、スポーツ振興予算や施設利用、代表チームの待遇等に大きな差が生まれていました。しかし、長野パラリンピック以降、マスコミ等で注目されるなど徐々にスポーツとしての認知が高まり、2011 年のスポーツ基本法では障害者のスポーツの推進が明記されることとなりました。これにより、今後障害者スポーツの待遇等の改善も期待されるところです。

なお、障害者スポーツとは、障害者のために特別に考案されたものだけでなく、健常者が通常行っているスポーツを、障害者がプレイしやすいようにルールを一部変更して行うものもあります。これは、障害による事故防止、障害の増悪化の防止、競技規則の理解などを考慮して実施されています。

２．障害者スポーツの歴史

1888 年にドイツの聴覚障害者スポーツクラブが設立されたのが世界初の障害者スポーツ組織といわれていますが、障害者のスポーツが治療を目的としたものから、レクリエーションや競技として広がりだしたのは第二次世界大戦後です。1940 年代にスポーツを治療に取り入れていた英国のストーク・マンデビル病院で開催されたスポーツ大会が、やがて国際大会へと発展し現在のパラリンピックとなりました。日本では、1964 年の東京パラリンピック、1998 年の長野パラリンピックの開催が、障害者スポーツの発展に大きく影響したといわれています。

３．身体障害者のスポーツ大会（パラリンピック）

パラリンピック（Paralympic）は、「もう一つの（Parallel）」と「オリンピック（Olympic）」を足した言葉であり、オリンピック（夏季・冬季）終了後に同じ都市で開催される障害者のトップアスリートが出場する競技大会です。パラリンピック出場選手の競技レベルは年々向上しており、なかにはオリンピックに健常者と共に出場する選手もいます。メディア等にお

いてもアスリートとして注目されることが多くなりました。2020年東京オリンピック・パラリンピックの誘致活動でパラリンピックアスリートが大役を務めたことは記憶に新しいところです。なお、1998年の長野パラリンピック（冬季）から、一部の種目で知的障害者の参加が認められましたが、2000年のシドニーパラリンピック（夏季）において知的障碍者に健常者を紛れ込ませるという不正が発覚し、それ以降、知的障害者のパラリンピックへの参加は閉ざされました。その後、2012年のロンドンパラリンピック（夏季）において、12年ぶりに陸上、水泳、卓球の3競技に参加が認められましたが、2014年のソチパラリンピック（冬季）での採用はありませんでした。

国内では、パラリンピックの出場権を獲得するための競技性の強い国内大会（ジャパンパラリンピック）とともに、障害者に対する理解を深めることを目的とした全国障害者スポーツ大会が開催されています。全国障害者スポーツ大会は、国体終了後に同じ都市で開催されており、身体障害者だけでなく知的障害者、精神障害者も参加しています。

４．知的障害者のためのスポーツ大会（スペシャルオリンピックス）

知的障害者を対象に、各種スポーツのトレーニングや競技会を開催する国際的なスポーツ組織をスペシャルオリンピックスといいます。4 年に一度開催される競技会だけではなく、日常的な活動などを全て含んでいることから、複数形の表記となっています。現在、約 170 万人の知的障害者と 50 万人のボランティアがこの活動に参加しています。

1962年にケネディ大統領の妹であるユニス・ケネディ・シュライバーが始めたサマーキャンプを起源とし、1968年にはシカゴで第1回国際スペシャルオリンピックスが開催されました。日本では1980年にスペシャルオリンピックス委員会が設立され、1983年の夏季大会に初めて選手が参加しました。このスペシャルオリンピックス委員会は、1992年に解散することとなりましたが、その後を公益財団法人スペシャルオリンピックス日本が引き継いでいます。

競技会の特徴としては、予選の成績を参考に競技能力が同程度の者同士が競い合う細かなディビジョニングが挙げられます。この制度により、予選に参加した選手全てが決勝に進むこととなります。また、ディビジョンごとに全員が表彰台に上がり表彰されます。1位~3位はメダル、4 位以下はリボンが贈られますが、表彰は最下位から行われ最後まで拍手が鳴り止まないように工夫されています。

５．障害者スポーツの指導資格

財団法人日本障害者スポーツ協会が公認する障害者スポーツ指導員の資格は、初級・中級・上級指導員資格、およびスポーツコーチ資格です。認定校は全国に 170 校（平成 26 年度）あり、うち 146 校で初級指導員、24 校で中級指導員を養成しています。

障害者スポーツ指導員は、地域での障害者のスポーツ指導や普及の手助けとなり、また、全国障害者スポーツ大会における監督やコーチといった役割を担います。

スポーツコーチは、特定の競技種目の専門的な知識や技能を習得し、国内外の大会で監督やコーチとして活躍する人材です。中級スポーツ指導員以上の資格を有し、障害者スポーツ競技団体からの推薦を受けた者が、講習会に参加することができます。

６．障害者スポーツ特有の主な種目

１）ボッチャ

ゲームは革製のボールをジャックと呼ばれる白い的球にどれだけ近づけられるかを競うもので、エンドごとに先攻、後攻が交互に球を投げ、最も近い球を投げた方に得点が入ります。障害の程度により直接ボールを投げることができない選手も補助具の使用や介助者の助けによってプレイすることが可能です。

２）車いすバスケットボール

通常のバスケットボールとほぼ同じルールで行われます。ダブルドリブルはなく、1回のドリブルにつき2回以内のタイヤ操作が認められており、それ以上はトラベリングとなります。大きな特徴は、一度にコートでプレイできる選手をクラス分けで制限している点にあります。障害の程度により1.0～4.5までにクラス分けされており、コート上でプレイする選手の合計クラス点が14.0を超えることはできません。この制度は、重度の障害者がコート上でプレイすることを制限されないようにする狙いがあります。

３）ゴールボール

目隠しをし、鈴の入ったボールを転がしゴールに入れることで得点を競う視覚障害者のために考案された競技です。バレーボールコートと同じ広さを使い、サッカーゴールに似たゴールをめがけて球を転がします。1チーム3名で鈴の音を頼りにゴールを守ります。ボールは1.25㎏と重く、選手はジャージの下にプロテクターなどを着用してプレイすることが多いです。2012年ロンドンパラリンピックでは日本女子チームが金メダルを獲得しました。

４）アイススレッジホッケー

下半身に障害がある選手が、専用の橇（スレッジ）に乗り行うアイスホッケーです。先端にアイスピックを取り付けたスティックを2本持ち、これを氷に引っ掛けて滑走します。アイスピックがある分危険度が増すため、通常のアイスホッケーよりもスティックによる反則は厳しく適用されます。国内では競技人口が少なくマイナーであるが、2010年バンクーバーパラリンピックで日本チームが銀メダルを獲得しました。

＊近年は、障がいのある人を「害」とはみなさないことを表すため、障がい者と平仮名表記することが多くなっている。しかし、多くの組織や大会名等では障害者と漢字表記されているため、本書では障害者と統一して記している。

第２章　スポーツ指導者の知識と役割

７．スポーツ指導者とその役割

Point

１．コーチングについて理解を深めよう
２．スポーツ指導者（コーチ）の役割について考えよう
３．様々な場面に生かされるコーチング法について理解しよう

１．コーチングとは

スポーツ指導者すなわちコーチとは、クライアント（競技者）のニーズに合わせて競技力向上等を図る指導を行う者をさし、その指導をコーチングと言います。

コーチングの「コーチ」は、馬車を意味し、馬車が人を乗せて目的地に運ぶところから、「人を目標達成に導く人」を指すようになりました。「コーチング」は、スポーツにおける技術練習の指導やトレーニング指導を表わす意味合いにおいて用いられることが多かったのですが、近年人間的成長を育む手法としてビジネスや教育現場においても積極的に活用されるようになりました。

スポーツにおけるコーチングは、「スポーツを教え、スポーツで育てる」ことです。スポーツを教えるとは、選手やチームが求める競技力向上のための直接指導であり、スポーツで育てることは、選手を競技活動を通して、人間的成長に繋がるように支援することです。

１）コーチの視点

コーチングを行う際、重要となってくることは、現状を把握することです。現状を的確に把握することで、選手やチームに適切なアドバイス・指導を行うことができます。選手やチームは、競技力向上に必要な技能や戦術の習得を目指しており、それらの指導において重要となるのは、その選手やチームの現状における問題点（チェックポイント）を明確にして、具体的な修正、改善点を指摘、アドバイスすることです。

コーチは、チームの状況、選手の動きを観察してチェックポイントを見つけ出します。このチェックポイントが適切であり、そのことを的確に伝達し指導すれば、パフォーマンス向上に繋がることが期待できます。逆にチェックポイントに狂いが生じていれば、チームや選手のパフォーマンスは向上しないばかりか、指導者と選手との信頼関係に悪影響を及ぼす恐れがあります。コーチングは、試行錯誤されながら続けられますが、指導の効果が表れるのは時間が経過してからです。選手は、目標とする試合（大会）までの限られた時間で最高のパフォーマンスを発揮することを目標に練習に取り組んでいます。コーチは、そのことを十

分踏まえた上で、中間目標を意識しながら適切な方向性を示す必要があります。

以上のことから「視点」を持つことができるかどうかは、コーチにとって極めて重要な資質といえます。変化し続けるクライアントに対して的確なアドバイスを送るために、「コーチの視点」の継続した研鑽練磨に励む必要があります。

多くの有能なコーチからのメッセージを整理すると、必要不可欠な精神的因子として次の5つのキーワードを挙げることができます。それは、「探究心」、「友情」、「誠実」、「協調性」、「熱意」です。

2）パフォーマンス向上のアドバイス

選手は、パフォーマンス向上のために繰り返し練習を重ね、スキルの改善に努めています。選手自身も自らの問題点に対して解決策を模索しますが、やはり選手だけの経験値からでは限界があると思われます。このことから、必ずトップ選手においても、コーチの影響は大きいことが窺えます。選手は、常に記録の更新を狙わなければなりません。また、一方で、スランプに陥る場合もあります。このような状況時でのコーチのアドバイスは、重要であり現状克服のきっかけとなります。そのためには、コーチと選手との間に強い信頼関係が構築されていなければならず、選手とコーチとのフィーリングも信頼関係構築の重要な要因とされています。

選手が自らの改善点に気づかないこともあり、そのような状況時ではスキルアップは望めません。そこで、その問題点を克服するために、選手自身以外から受ける情報、すなわち付加的フィードバックが必要とされます。コーチのアドバイスから受けるフィードバックはその一例です。

付加的フィードバックであるコーチのアドバイスは、パフォーマンスについての問題点やその改善方法を伝えることが大きな役割の1 つとなります。改善指導には、問題点の原因の指摘と理解、改善方法の指示があり、それらを段階的に指導しなければなりません。

運動の改善指導において、コーチは選手が行ったパフォーマンスに関して、正確性の良否や失敗の指摘だけにとどまってしまうことがあります。これでは、パフォーマンスの向上は期待できません。重要なフィードバックとは、具体的で明確な改善方法の指示をすることであり、そのことが運動の修正に効果が高く有効であることをコーチは常に認識して、アドバイスする必要があります。

フィードバックは、パフォーマンス改善にとって有効ではありますが、一方でコーチが選手に対してアドバイスを与え過ぎることのマイナス面もあります。まず、一度に多くの情報を与えることにより選手の許容範囲を超え、混乱を招き改善点の指摘に対応できなくなってしまう場合があります。また、アドバイスのボリュームやタイミングによっては、選手自身の内的フィードバックが阻害される可能性が高くなります。そのことで、コーチ依存度が高くなり過ぎ、自己判断、自己分析能力の低下を招くことも考えられます。コーチは、これらのことを十分理解した上で指導にあたらなければ、選手の成長の妨げに繋がることを知っておく必要があります。

選手の気づき（内的フィードバック）とコーチのアドバイス（付加的フィードバック）が合致することは、パフォーマンス向上に最も効果が高いとされています。このことから、コーチはアドバイスの頻度や内容のボリュームについて、十分に考慮しなければなりません。

2．スポーツ指導者（コーチ）の役割について

1）練習計画の立案

練習計画を立案することは、コーチの重要な役割であり、しっかりとした理論に基づきプログラム化されることが望まれます。練習計画は2つに大別され、1つは中長期的ビジョンに立ち、どの試合（大会）において、選手に最高のパフォーマンスを発揮させるか、すなわち選手のピークをどの時期に設定するかを鑑みた練習計画の立案となります。この練習計画は、中長期的目標達成プログラムの作成のため、戦略的要因を踏まえたものでなければなりません。例えば、オリンピックやワールドカップを見据えた中長期練習計画などもこのことを示します。

もう一つは、短期的目標すなわち、日々のトレーニングを行うための練習計画であり、パフォーマンスに対するチェック（評価）と修正、改善策がプログラム化されていることが条件となります。また、練習計画を立案する上で重要なポイントは、選手が日々の練習を継続的に行うことができ、目標とした試合で最高のパフォーマンスを発揮できるようにコンディションを整えることにあります。

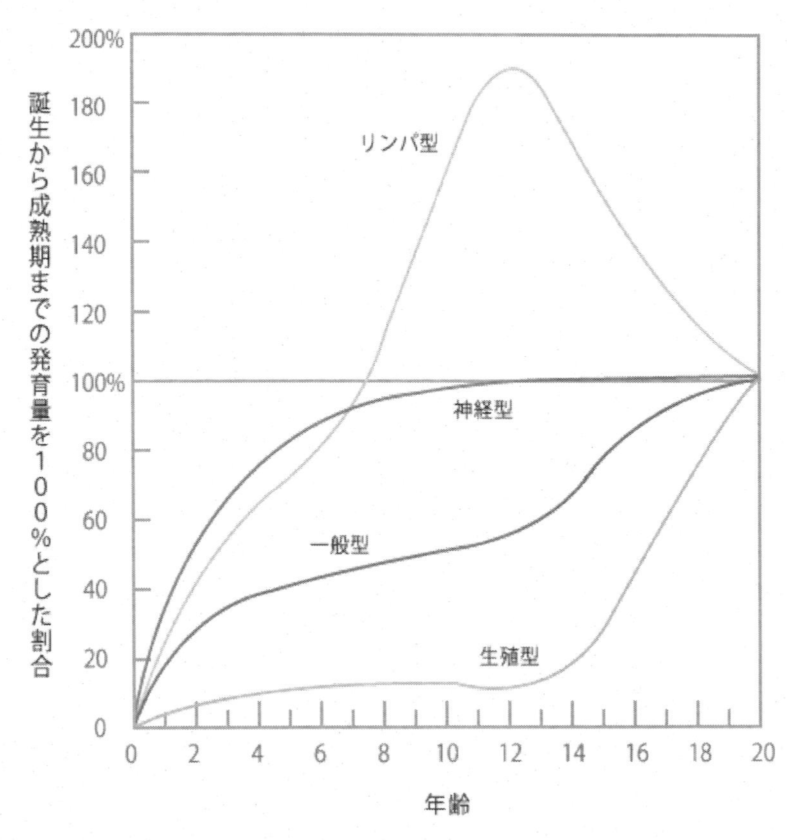

図1　スキャモンの発育曲線

2）発育発達段階に応じた指導

コーチは、年齢・性別などが異なる様々な対象に対してコーチングを展開します。完全に成熟した大人と常に大人の体へと進化を続ける成長期の選手に同一のトレーニングを行うことは、成長期にある選手に対してパフォーマンス向上の阻害となります。そのため、成長期の体の特性をよく理解することが、コーチにとって重要です。図1は「スキャモンの発育曲線」です。成長発育を20歳のレベルを100%として考え、各体組成の発育の特徴を「一般型」「神経型」「リンパ系型」「生殖器系型」の4つに分類しグラフ化したものです。

これらの発育曲線でスポーツと密接な関わりのあるものは、「一般型」「神経型」「生殖器系型」です。

・一般型：身長、体重や胸腹部臓器の発育

・神経型：器用さやリズム感を養う神経系の発達

出生後から急激に発育し、4~5歳で成人の80%、6歳で90%に達します

・リンパ系：免疫力を向上させるリンパ組織の発達

・生殖器系型：男子の陰茎・睾丸、女子の卵巣・子宮等の発育

① プレ・ゴールデンエイジ（5歳～8歳頃）

脳や体内に様々な神経回路を張りめぐらせる神経系が著しく発達する時期です。この時期には、神経系に様々な刺激を与えることが必要であり、多種多様な動きを含む様々な動作を経験させることが重要とされています。スポーツの基礎づくりが多面的であればあるほど、その後、専門的スキルの対応能力が高まると言われています。また、運動の調整は、神経系が知覚情報に応じて、必要とされる筋の動きを適切にコントロールすることによって行われます。このことを踏まえたトレーニングとして、コーディネーショントレーニングがあります。このトレーニングは、神経系による運動の調整能力を高める効果が高いとされています。

② ゴールデンエイジ（9歳～12歳頃）

神経系の発達がほぼ完成期に近づき、形態的にも安定してきた時期です。動作を習得するための準備態勢も整い、脳・神経系の柔らかい性質も残している非常に特異な時期です。動作習得にとって最も有効とされ、各種目にとって必要なあらゆるスキル獲得の最適な時期と位置づけられています。

③ ポスト・ゴールデンエイジ（13歳～16歳）

生殖器系、すなわちホルモンの分泌が著しくなる時期であり、速筋繊維の発達を促し、これまで身につけたスキルに速さと強さを加えていきます。また、一般型の呼吸・循環器系の発達が加速するため有酸素運動を積極的に取り入れ、持久力をつけ粘り強さを身につける時期でもあります。一方で、この時期は、個人によって成長の度合が異なるた

め、個人にあった運動プログラムを組まなければ、障害に繋がる可能性も高いことを、コーチは十分考慮していなければなりません。

3）チーム目標に対する方向性の確保

チーム状況に満足している選手が多いチームは、練習意欲も高いです。チームに対する選手の充実度は、様々な要素に起因しているがコーチの言動もその１つです。リーダーシップを発揮しているコーチが率いているチームは、活気ある活動を生み出すとされています。コーチは、常に選手の状況を把握して、適切に指示をだすことが重要であり、コーチの言動は、選手に対して様々な刺激を与えます。また、チーム状況への関わりの深さは選手の競技意欲にも影響を及ぼすとされています。選手のスポーツ活動に対する充実度とチームの目標志向は、関連性が高いと言えます。

したがって、チームの構成メンバーであるコーチと選手は、成績や能力に偏らず選手一人ひとりの課題を認め合い、互いに友好的な環境づくりに配慮することが重要です。

３．様々な場面に生かされるコーチング法

コーチが選手に掛ける言葉は、選手の自信や意欲を高めることで積極的な行動が引き出されることに繋がります。しかし、現場では、自尊心を高めるような肯定的な言葉かけがなされていない場合も見受けられます。批判やネガティブな言動は、選手の練習意欲を低下させてしまうことになります。選手たちは、褒められるなどポジティブな言葉かけにより、自分に向けられたことに対して刺激を受け、これまで以上に情動や行動に変化をもたらします。

しかし、全ての状況において褒めるなどの対応をするのでは、選手は誤った解釈をすることに繋がる恐れがあります。選手が置かれている状況を、コーチは十分把握し、選手の問題点に対して批判的にならず、適切にアドバイスをすることが重要です。ポイントの外れたアドバイスや褒め言葉は、逆に選手が不信感をもち、信頼関係構築のマイナス要因に成りかねません。言葉かけは、選手とのコミュニケーションスキルであり、重要なコーチングスキルのひとつです。コーチは、知識が豊富であっても伝達する能力が欠けていては、コーチの役割を果たすことができません。このことからコーチにとってコミュニケーションスキルを高めることは重要な課題といえます。

1）コミュニケーションの基本

コーチと選手の関係においてラポール（互いに親密感、信頼感のある心の架け橋）を築くことが重要です。そこでラポールを築くための技法として「ミラーリング」、「ペーシング」があります。

① ミラーリング

鏡に映したように相手と同調した動きをしますが、ただ、相手の真似をして、相手が不

快感を持つようであれば、効果は期待できません。身体の動き・視線の動き・目の高さを合わせるなど、違和感なく自分と近い感覚をもった者として、親近感を相手に感じ取ってもらえるようにします。

② ペーシング

選手とのコミュニケーションにおいて、その速度・リズム・イントネーション・声の大きさなど話し方を合わせることが重要です。会話のペースを合わせることで、選手は、意見を聞いてもらっていると感じることに繋がります。また、選手の話をしている時に自分の言葉をかぶせたり、話が中断してしまうような言葉を使うと、相手にフラストレーションが溜まります。その場の雰囲気を感じとることも、コミュニケーションスキルとして重要なポイントです。

2）コーチングの基本

相手の話を聞いているつもりでも、相手の答えを聞く前に話し始めたり、こちらの意見を押しつけたりすることでは、相手の真意を理解することができません。同じ位置にいて相手の話を聞こうとする態度、すなわち、コーチングの基本は、「聞く技術」を身につけることです。選手にとってコーチは、「聞いてくれる人」「受け入れてくれる人」「受け止めてくれる人」「深めてくれる人」、更には、「気づかせてくれる人」でなければなりません。

① バックトラッキング

選手の話からキーワードとなる「事実」「感情」「相手の話の要約」を察知し、それを繰り返します。そのことで、選手は、自分の考えがコーチに伝わったと認識を深め、選手とコーチの本音のコミュニケーションに繋がります。コミュニケーションを深めることで問題点が明確となることで、共通認識の中でアドバイスを行うことができ、選手を力づけることになります。

② 「but」から「and」へのコミュニケーション

相手の意見を「but：だけど」で否定してしまうと、相手は話す意欲をなくしてしまいます。相手と意見が異なる時に、如何に自分の意見を述べて共感を生み出すかが、コーチには求められます。自分の意見を伝え、なお且つ、相手の口を閉ざさせない技法は、まず、相手の意見を肯定的に捉えます。次に「and：こういうのはどう」と繋げることで発展的なコミュニケーションが成立します。

〔引用・参考文献〕

植田恭史（2011）『私の考えるコーチング論』,The Japan Journal of Coaching Studies Vol.25.No1

結城匡啓（2011）『私の考えるコーチング論』：科学的コ—チング実践をめざして,The Japan Journal of Coaching Studies Vol.25.No1

８．スポーツと栄養

Point

１．栄養の役割を理解しよう
２．エネルギー代謝と補給のタイミングを学ぼう
３．スポーツ選手の食事のとり方を知ろう

１．スポーツにおける栄養の役割

2012年ロンドンオリンピックでは、日本人選手が38個のメダルを手にすることができました。その一因として、食事の果たす役割が大きいこともクローズアップされ、アスリートのための「栄養」の重要性に注目を集めました。

１）栄養素の機能

基本的な栄養素には、「炭水化物」「脂質」「タンパク質」「ミネラル」「ビタミン」の５つがあり、「炭水化物」「脂質」「タンパク質」は、エネルギー（カロリー）となる栄養素です。そして、体の構成成分は、主に「タンパク質」「ミネラル」から成ります。

また、体内でエネルギー代謝を円滑にするためには、「ビタミン」が必要となり、更に生体内の化学反応を調節する栄養素として「ビタミン」「ミネラル」があります。これら５つの栄養素が人の体を恒常的に構成し維持しています。加えて、「水分」「食物繊維」の２つもスポーツ活動時に重要な栄養素と考えられています。スポーツにおける栄養素の重要な役割は、「エネルギーの供給」「エネルギー生産反応の円滑化」「筋肉の肥大、骨格の強化」「身体機能の調整」が挙げられます。

① 炭水化物（糖質）

炭水化物は、糖質と食物繊維の総称です。糖質は単糖類、二糖類、多糖類に分類されますが、体内に吸収されるには、単糖類まで分解されなければならないため、単糖類が即効性のあるエネルギー源となります。激しい運動時では糖質が主なエネルギー源となるため、糖質の蓄積量が運動可能時間や筋パワーに影響を与えます。臓器の中でも、脳は糖質を唯一のエネルギー源としているため、不足すれば、集中力、持久力が低下するだけでなく、学力にも影響を与えると示されています。

・食品：ごはん（お米）、パン、麺類、芋類（じゃがいも、サツマイモ）など

② 脂質

脂質は単純脂質、複合脂質、誘導脂質に分類されます。中性脂肪と呼ばれ、また、脂肪酸の種類によって脂肪の性質に違いがあります。そして、ビタミン A、D、E などの脂溶分性ビタミンの吸収を助けてくれます。

③ タンパク質

タンパク質は、多数のアミノ酸がペプチド結合して構成されている高分子化合物であり、アミノ酸は、20 種類あります。タンパク質は、筋肉・免疫細胞・ホルモンなどの材料となるだけでなく、輸送タンパク質である赤血球のヘモグロビンをつくる際にも、鉄だけでなくタンパク質が必要とされます。

④ ミネラル

ミネラルは、無機質のことであり、生体構成成分の約 4%しか含まれていませんが、生命維持や運動時に重要な役割を担っています。ミネラルの機能は、体液の恒常性維持、生体構造維持、酵素の補助的因子、筋肉収縮、神経の興奮と伝達などがあります。

・カルシウム：骨や歯の材料であるため、強い骨格形成には欠かせない栄養素であり、不足すると骨折も起こりやすくなります。また、神経伝達物質、筋収縮に関与しており、ミネラルのバランスを崩すと、円滑な神経筋活動ができなくなり痙攣（足のツリ等）が起こります。神経の恒常性維持ができなくなるとイライラすることも多くなります。

・食品　カルシウム：牛乳、ヨーグルト、大豆製品（豆腐、納豆）、小松菜など
　　　　鉄：ひじき、ほうれん草、レバーなど

⑤ ビタミン

ビタミンは、脂溶性ビタミンと水溶性ビタミンに分類されます。ビタミンは体内で合成されない物質であるため、摂取不足が起こると、代謝機能や自立神経系機能が低下し、肉体的・精神的疲労を感じたり、免疫力が低下したりします。最適な体調を保つためにも、ビタミンの摂取が重要となってきます。特にスポーツをする上で重要なビタミンとして、エネルギー代謝に関わるビタミン B 群、中でも糖質代謝にビタミン B_1は欠かせません。また、疲労回復や免疫力を高めるためにはビタミン C も重要です。

・食品　ビタミン B_1：豚もも肉、ほうれん草、胚芽米、強化米、にんにくなど
　　　　ビタミン C：オレンジ、キウイフルーツ、じゃがいも、サツマイモなど

2）食事バランスとスポーツに必要なエネルギー量

日本のトップアスリートであっても食事バランスは通常の人と変わらず、エネルギー消費に見合った分だけ摂取することが勧められています。しかし、スポーツ選手は動きが激しく、練習やトレーニング時間も長いため大量のエネルギーが必要となり、通常の人以上に多くの食事摂取を行い、必要な栄養素を確保しなければなりません。

主食（炭水化物）は、体を動かすエネルギー源となり、主菜（タンパク質のおかず）は、筋肉・骨・血液など人の体をつくります。副菜（ビタミン・ミネラル・食物繊維）は体調を整え、骨や血液の材料になります。果物からも不足しがちな栄養素（ビタミン・ミネラル・食物繊維）を補います。これら４つを整えることによって、日々、激しい練習に耐えられる身体の構成をしています。

３）日本食は理想のスポーツ栄養食

日本食がスポーツ選手にとって理想の食事と考えられる理由は次の通りです。

① 豊富な食材：日本食は、多くの食品を使っており、栄養素の充足率が高いです。

② 豊富な調理法・味付け：様々な状況（試合前など油の摂取量を調節したい等）においても、調理法や味付けを工夫することで、食事内容やおいしさを維持しています。

③ 高水準の衛生環境：日本は、衛生状況が重要視され、刺身など生ものを食することができます。このことは、食材が新鮮であると同時に衛生管理が徹底されていることを示しています。

④ 穀類を中心とした食事：穀類中心の食事は、選手にとって最も大切な糖質を十分摂取することができます。

これらのことから、日本食は身体や試合などの条件に合わせて、且つ、おいしく豊かな食事であることが窺えます。

２．エネルギー代謝と補給のタイミング

１）エネルギー代謝

エネルギー消費は、基礎代謝量、睡眠代謝量、食事誘発性熱産生、活動代謝量で構成され､その合計がエネルギー消費量となります。

エネルギー消費量は日々変化し、アスリートの場合は、練習の有無、練習量、そのときの身体組織、体調により変化が大きいとされています。

表１　基礎代謝基準一覧表

年齢区分(歳)	男性 (kcal/kg/日)	女性 (kcal/kg/日)
1～2	61.0	59.7
3～5	54.8	52.2
6～7	44.3	41.9
8～9	40.8	38.3
10～11	37.4	34.8
12～14	31.0	29.6
15～17	27.0	25.3
18～29	24.0	22.1
30～49	22.3	21.7
50～69	21.5	20.7
70以上	21.5	20.7

(厚生労働省策定　日本人の食事摂取基準 2010年度版、第一出版、2009)

① 基礎代謝量（BMR）

基礎代謝量は、年齢別と性別に示された基礎代謝基準（体重 1kg あたり１日に

消費するエネルギー量）を基に算出することができます。基礎代謝量は、体格・年齢・性別・身体活動レベルなど、様々な因子の影響を受けます。そのため、実測値は、年齢・性別・身長・体重が同じ人でも異なった値を示します。また、同じ人でも、測定時の身体の状態によって示す値は異なってきます。

・例：22 歳女性、体重 50kg の基礎代謝量

基礎代謝量＝基礎代謝基準値 22.1kcal／kg／日×50kg＝1105kcal／日

② 安静時代謝量

安静時代謝とは、仰向けに寝る状態、または座位で安静にしている状態で消費されるエネルギーのことを示し、安静時代謝量は、基礎代謝量の 10％～20％増加値を示します。

③ 睡眠時代謝量

睡眠時代謝とは、心拍数が低く、骨格筋が弛緩しており、身体の動きが少ない睡眠をとっている状態におけるエネルギー代謝のことを示します。

④ 食事誘発性熱産生（DIT）

食事誘発性熱産生とは、食物を食べることによってエネルギー代謝が亢進することを示し、高タンパク質食は、食事誘発性熱産生によるエネルギー消費が高くなります。また、カフェインなどの刺激物でも食事誘発性熱産生が亢進されます。

⑤ 活動代謝量

日常生活における様々な身体活動によって亢進するエネルギー代謝を活動代謝といいます。活動代謝量を知ることは、個人のエネルギー必要量と各種栄養素の摂取量を決定する上で重要なことです。また、労働やスポーツにおける強度の判定を行うことができます。

⑥ エネルギー代謝率(RMR)

エネルギー代謝率は、生活の中で行われる動きやスポーツの身体活動強度を示すものであり、活動強度の指標（RMR=（活動のエネルギー消費量－安静時のエネルギー消費量）／基礎代謝量=活動代謝量／基礎代謝量）とされています。

2）トレーニング後の補給

トレーニングを行うことは、体に必ずダメージが加わりますが、その後の対応によって体に変化をもたらし体力や競技力の向上などにも繋がります。弱い負荷で運動を続けると体へのダメージは少ないですが、回復後のトレーニング効果も小さくなります。強い負荷で運動をすると体へのダメージが大きく、十分な栄養と休養をとらなかった場合、運動を開始する前の状況に戻らず「オーバートレーニング」を引き起こします。「オーバートレーニング」に陥らないようにするには、運動強度を適切に設定するだけでなく、休養と栄養のタイミング

を計ることも重要となってきます。運動強度が高い設定においても、十分な休養と栄養が行われることによって身体は「超回復」し、高いトレーニング効果が期待できます。

トレーニングで、エネルギーを消費した場合、身体にはできるだけ早く（トレーニング直後から遅くとも 2 時間以内）に、栄養補給をしなければなりません。そのときに「タンパク質」を中心に「炭水化物」を少し加えた食べ物を摂取することが、筋肉の修復を促進し、筋肉増大に結びつける効果があります。また、ビタミン補給は疲労物質の乳酸を除去することも期待されています。このように筋肉増大や疲労回復に効果的な栄養素を含む食品を選択し摂取することが重要となってきます。

3）運動時の水分補給

「熱中症」は、直射日光が当たる日差しの強いグラウンド、また、冷房が効いていない体育館など、気温、室温や湿度が高く風通しの悪い場所などで発生しやすいです。近年、温暖化の影響などもあり、「熱中症」となる選手が増加傾向にあります。熱中症の症状は、発熱、頭痛、吐き気や息苦しさ、そして脱力感、眠気、耳鳴りがみられ、意識を失うほどの重い症状に陥ってしまうこともあります。その対策として重要視されているのが水分補給です。

表 2 は、「日本体育協会の熱中症予防ガイドブック」より、運動時の水分補給の目安を示した資料です。運動の強度、運動の持続時間を鑑み大きく 3 分類しており、どの項目においても競技前の水分摂取量は、250ml～500ml が必要とされていることが窺えます。競技中の水分摂取量は、競技持続時間と関係が深く、1 時間当たり 500ml～1000ml の水分摂取が必要となり、トライアスロンのように 3 時間以上の長時間運動では、約 3000ml 以上の水分摂取が必要となります。また、水分摂取だけでは十分な対応でないこともあり、その場合は、塩分（ナトリウム）補給も必須とされます。

表2　運動時の水分補給の目安

運動強度			水分補給の目安	
運動の種類	運動強度	持続時間	競技前	競技中
トラック競技，サッカー バスケットボールなど	70～100%	1時間以内	250～500ml	500ml ～ 1000ml
マラソン，野球など	50～90%	1～3時間		500ml ～ 1000ml /1時間ごと
ウルトラマラソン トライアスロンなど	30～70%	3時間以上		500ml ～ 1000ml /1時間ごと（必ず塩分補給）

参照：日本体育協会編　「スポーツ活動中の熱中症予防ガイドブック」

競技前の水分摂取量の目安は、250ml～500ml とされ、競技中の水分摂取量の 1 時間当たりの目安は、500ml～1000ml とそれぞれ幅が大きいことが窺えます。このことは、水分の摂取不足は「熱中症」などの要因とされ、絶対に避けなければなりません。そこで体格・年齢・性別・身体活動レベルなど、様々な因子を鑑み、その状況に適した水分補給をすることが望まれます。

３．スポーツ選手の食事のとり方

１）試合前の食事

スポーツ種目によって試合前の食事内容は、大きな違いはなく、心掛けなければならない点は基本的に同様です。 どのスポーツ種目でも、運動する際は筋肉と肝臓にグリコーゲンが多く蓄えられていることがパフォーマンス向上に繋がるとされ、試合前には糖質の高い食事をとることが奨められています。このことを「グリコーゲンローディング」または「カーボローディング」といい、持久系の競技に有効であるとされています。

① 基本的には、高糖質食とします。運動時のエネルギーはグリコーゲンであり、少なくとも3日前から貯蔵ができます。そのため、3日前から糖質を増やすことが重要となりエネルギー蓄積に努めなければなりません。

② 脂質の多い食品は消化が悪く、胃に残りやすいため、消化のよいあっさりとした食品を摂取することを心掛けます。例えばクロワッサンは40%が脂質のため、前夜の食事だけでなく、試合当日の朝食においても避けた方がよいと考えます。

③ 試合前はストレスや緊張から、免疫力が低下し、ビタミンの需要が高まるため、最適状態で試合日を迎えられるようにビタミン・ミネラルは十分に摂取する必要があります。

④ ガスを発生させやすい野菜類、ワカメなど繊維質と動物性脂肪を控えます。

２）試合前日、当日および試合後の食事

① 試合前日：油っこいものを控え、消化のよいものを選び、炭水化物を補給します。（例：お米（炭水化物）・芋類・パスタ・うどんなど）

② 試合当日

・約3～4時間前：消化のよいものを選び、炭水化物を中心に補給します。

・約2～3時間前：軽食を摂取（おにぎり、パンなど）

・約1時間前：水分補給や糖質補給（例：バナナ・おにぎり・ゼリーなど）

③ 試合・大会の時間と食事

試合当日の会場への入場時間やアップ練習の可能時間が異なるため、試合当日のスケジュールに関しても調査しておくことが望ましいです。

・午前中の早い時間：前日の夕食は、炭水化物を多く含む食事。朝食は、軽食。

・午前中：前日の夕食は、炭水化物を多く含む食事。朝食は、3～4時間前に済せます。

・午後：朝食は、炭水化物を多く含む食事。昼食は、軽食。

・夕方以降：朝食・昼食ともに炭水化物を多く含む食事。

④ 試合中の食事

血糖値（血中グルコース濃度）およびグルコース貯蔵量の低下を防ぎ、運動能力・パフォーマンスを向上させ、疲労の発現を遅らせ、運動可能時間を延長させることを目的に摂取を考えます。

・60～90分間以上の試合・大会の場合

運動中１時間毎に30～60ｇあるいは、運動中20分毎に0.1～0.2ｇ/ｋｇ（体重）の炭水化物を摂取します。または、15～20分毎に120～240mlのスポーツドリンクを飲むようにします。

⑤ 試合後の食事

肉体的疲労、精神的疲労と疲れがピークに達する試合終了後は、疲労回復を考慮した栄養補給することが重要となります。肉体の回復には筋肉と内臓の回復があり、消化のよいものをよく噛んで食べ、内臓の負担をかけず栄養素の高い食事を心がける必要があります。試合後は十分に貯蔵されていたグリコーゲンが消費されてしまうため、できる限り早い段階で吸収されやすい糖質（炭水化物：おにぎり・バナナなど）を摂取して、グリコーゲンの回復をほどこすことが重要となります。

〔引用・参考文献〕

鈴木志保子（2008）『基礎から学ぶ！スポーツ栄養学』，ベースボールマガジン社.
海老久美子（2012）『アスリートのための食トレ』，池田書店.
樋口満著（2010）『コンディショニングのためのスポーツ栄養学』，市村出版.
加藤秀夫他（2012）『栄養科学シリーズNEST　スポーツ・運動栄養学』，講談社.

9．スポーツとストレス

Point

1．ストレスとは何か理解しよう
2．スポーツとストレスの関係について考えよう
3．外的要因とパフォーマンスの関係について理解しよう

1．ストレスについて

1）ストレスとは

「ストレス」という言葉は、本来は「歪み」を表す言葉です。ボールを手でぎゅっと握ったときに変形する様子を想像してください。「手」がストレッサー（ストレス要因）となってボールを変形させます。つまり、ストレッサーによってストレス反応が起きたということです。「手」の力が弱ければ、ボールは変形しません。逆に強ければ大きく変形します。このことから、ストレッサーの強さによって、ストレス反応は異なることが分かります。日本の現代社会では、子どもたちは、TV ゲームに夢中になり、体を動かした遊びをする子どもたちが急減し、「ニート」となる若者は増加傾向にあります。また、情報化の急速な発展により、人間関係も希薄化しています。このような現在社会の変化に伴い、これまでにない多様なストレスが発生していると考えられます。

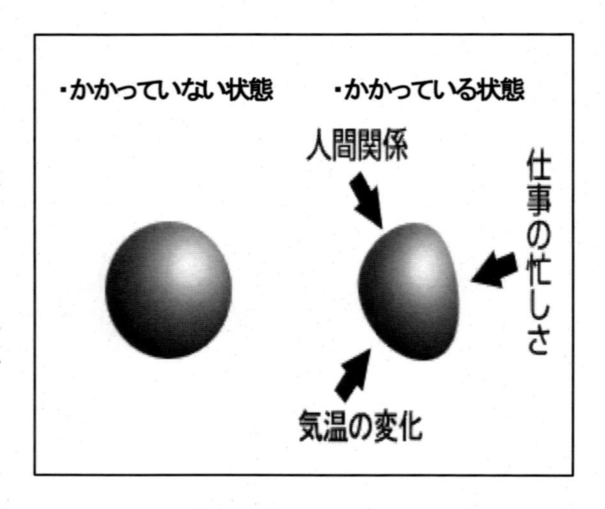

図1 ストレスの状態

2）ストレスの発生と耐性

生活の場面で何らかのストレッサーを受けます。例えば、図1に示すように「人間関係」、「仕事の忙しさ」、「気温の変化」など、それらが自分にとって重要なことか、または自分に影響を及ぼす要因であるかを評価します（一次的評価）。そこで、「YES」と評価したならば、次にそのストレッサーの原因や解決策を理解しているか、また、対処できる自信があるかについて評価を行ないます（二次的評価）。その評価が「NO」であった場合、不安、イライラ、落ち込み、胃痛などのストレス反応が起こります。

ストレス耐性には個人差があることから、ストレスに強い人と弱い人が存在します。適応

力・回復力を「レジリエンス（Resilience)」と言い、ストレスに強い人は、このレジリエンスが高いことになります。

レジリエンスと深い関係にあるのが自尊心です。「自分は劣っている」、「自分のことが嫌い」と思って過ごしていると、自己に対する評価（自尊心）が低くなります。すると、レジリエンスも低くなってしまいます。「自尊心を高める」、つまり、自分自身に興味をもって、自分自身を好きになることが重要になってきます。

２．スポーツとストレスの関係

1）ストレス発散の実際

適度なストレスは、生活に張り合いを与えてくれて、成長させてくれることもあります。一方で、過度なストレス状態が続くと、体調にいろいろな不具合が生じます。しかし、現代は「ストレス社会」といわれています。人が生きている限りストレス「ゼロ」はありえません。如何にうまくストレスと向き合うかが重要です。

「忙」は「心を亡くす」と書きます。今の時代は、ゆとりがなく少し忙しすぎる毎日を過ごしているように感じられます。様々なことが便利になり、豊かになる一方で、「人と人との繋がり」や「心のゆとり（あそび)」が少なくなってきています。人と繋がることで喜びは増し、辛さやしんどさが減ることがあります。

このことから人との繋がりを持つことがストレス発散に繋がると考えられます。これまで希薄だった人との繋がりが、共通する趣味を持つ仲間が集まることでコミュニティを築くことができます。そこでコミュニティを築くためのツールとして「スポーツ」が有効であるとされています。

また、Sport の語源は、ラテン語の Deportare（デ・ポルターレ）とされ、その意味は「仕事から離れる、生活から離れるなど、まじめで義務的な事柄からの気分転換、娯楽など楽しい感情を発散させるもの」を表しています。

このことからスポーツは、仲間と接する機会を増やし，その中でコミュニケーションを楽しみ，共に爽快感や達成感などを味わうことができ、そして、ストレス発散に繋がると考えられます。

2）スポーツがもたらす心理的効果

現代社会では、過度なストレスが原因で精神疾患や、内臓疾患等を発症する場合があります。この様に人間の体は、心の状態に強く反応し、心と体は切っても切り離せない関係にあります。

スポーツをすることは身体に刺激を与え、強い身体をつくることができます。それと同様にスポーツをすることで心（メンタル）に影響を与えられるのでないかと考え、スポーツとメンタルの関係について様々な取り組みが行われてきました。その結果、現在では、ウォーキングやジョギング、水泳などに代表される有酸素運動を定期的に行なうことで、「将来に対する希望」や「自分に対する自信」など考え方に変化が現れることが分かってきました。一般的にストレスを受けると、「カテコールアミン」と「コルチゾール」という２つの副腎皮質ホルモンが分泌されます。これを俗に「ストレスホルモン」と言います。先に示された有酸素運動をすることで、これらのホルモンが連係され血液中の血糖値を上げて、脳や筋肉の働きを高め、ストレスと戦う形勢を整えます。そのことが思考の変化に繋がっています。

更に、スポーツをすることは感情面にも影響を与えています。ネガティブな状態となった原因で支配されていた意識が、スポーツに集中することにより、その感情が希薄化されます。また、スポーツに対する目標が達成されると、自己肯定感が芽生え、前向きな気持ちへと変化していきます。

ストレス発散の為に行うスポーツの取り組みで重要なことは、自分自身が心底楽しんで行えるスポーツを選ぶ事です。誰かに強制されて行うスポーツ、健康の為に無理やり行うスポーツなど自分の心に反して行うスポーツでは、ストレス発散には繋がらず逆にストレスを増やしてしまいます。このことを念頭におきスポーツを楽しむことで、心の健康を保つことが可能となると考えます。

３．外的要因とパフォーマンスの関係

活躍したスポーツ選手のインタビューのコメントに「平常心で戦えたこととファンの皆様の大声援を受けたことが、良い結果に繋がりました」と聞くことがあります。これは、「心」の状態が様々な外的要因に対して何ら影響を受けなかったことで不安感がなく、「心」が揺らいでいないことを「平常心」として表現していると考えられます。そして、緊迫している場面を苦しんでいるのではなく、大勢のファンが自分に注目していることで，逆に楽しんでプレイしているように思えます。このことから、スポーツは様々な外的要因が「心」に影響を与え、それがパフォーマンスに繋がっていることが窺えます。

バスケットボールやバドミントンなどのスポーツは、常に相手と対峙の関係にあり、敵は多くの戦術を用いて抵抗するために仕向けてきます。このような状況ではフラストレーション（ストレス）を抱えてしまい、集中力が欠け、「ミス」が発生しやすくなります。また、感情が高ぶると視野が狭くなり、状況判断を狂わせてしまいます。一方、体操やフィギュアスケートなどの種目では、先に演技を終えた選手の高得点に動揺してしまい、自分のパフォーマンスを発揮することができなくなることがあります。このことは、外的要因によるストレスが心に影響を及ぼしている状況を示しています。

このように試合中に何らかの外的要因で心が揺らいだ状況となっても、如何に自分自身で

「心を切り替え」、心の揺らぎを鎮め、エネルギーを高く保って最高の心の状態に戻すかが、最高のパフォーマンスの発揮に繋がると考えます。つまり、自分自身の心を切り替えることが出来なければ、スポーツ選手として結果を残すことができないと思われます。

そこで、心を揺らがす様々な外的要因を受けても心の揺らぎを克服し、対処するための力が必要となってきます。その力は、思考する力「脳」が関係しています。つまり、「脳」の思考が心に命じて、それを受け「心」が反応を示します。例えば、ピンチな場面に遭遇した際、その現象を脳が受け、「焦り」の思考が発生し「心」に命じます。そうすると、「心」(気持ち)は、高ぶり動揺が広がっていきます。すなわち、「脳」が、「心」を揺らがせているのです。このように、「思考」を切り替えることができるかが、パフォーマンス向上に繋がると考えられます。

プレイヤーは、心の状態でパフォーマンスのレベルが決まってくることから、自分の心の状態をマネジメントすることができなければ、スポーツにおいて活躍することが期待できません。すなわち、体力やテクニカルスキル等もスポーツにおいて重要な要素ですが、それと同様に「思考を切り替える」ためのスキルアップ、すなわち「メンタル面の強化」が不可欠となってきます。このことは、スポーツに限らず日常生活やビジネスにおいてもパフォーマンスの向上に繋がります。

〔引用・参考文献〕

辻秀一 (2012)『一瞬で「心を切り替える」技術』, 日本実業出版社.

１０．スポーツにおける応急処置の知識

Point

１．けがによる応急処置の知識を身につけよう
２．熱中症の発生原因と処置の方法を理解しよう
３．心肺蘇生法の手順を理解しよう

１．けがにおける応急処置

１）出血の種類

人の血液量は体重あたり約 80ml で体重の 1/12、1/13 といわれています。一般に、循環血液量の 10%以内であれば脈拍数がわずかに増加し、20%が急速に失われると出血性ショックという重い状態になります。さらに、循環血液量の 30%を失えば生命の危機に瀕することになります。

出血の種類は、大きく分けると三つに分類されます。一つめは、毛細血管性出血です。これは、浅い切り傷や擦り傷でにじみ出るような出血があります。出血量も少ないので、容易に止血が可能です。二つめは、静脈性出血です。末梢の毛細血管から再び心臓へ血液を送り戻す働きをしているため、二酸化炭素や老廃物を多く含んでいます。そのため、外見上暗赤色をしています。止血の手当が遅れると短時間でショックに陥ることがあります。三つめは、動脈性出血です。これは噴き出すような出血をともない、血管が細くても鮮紅色の血が脈打つように噴き出すことが特徴です。緊急に応急手当を必要とするのはこの出血です。

次に止血法ですが、原則として第一に創部を圧迫することと損傷部位（出血部位）を心臓よりも高くあげることです。止血法の種類は、大きく分けると二つに分類されます。一つめは、直接圧迫止血法です。これは、傷口の上をガーゼなどで直接強く押さえてしばらく圧迫する方法です。片手で圧迫しても止血できない場合は、両手、あるいは体重をかけて圧迫し、止血します。二つめは、間接圧迫止血法です。これは、動脈性の出血が激しく続いているときに、ガーゼや包帯を準備する間に行う方法です。創傷面積が広いときや骨折などで圧迫止血ができないときにも使う方法です。手や指、手根部などを使い強く圧迫していきます。その他の止血法では、直接圧迫だけでは止血できない場合に、直接・間接圧迫併用法を使用します。また、四肢の比較的太い動脈からの出血や切断などにより血が止まらないときに止血帯を使い、一時的に末梢の血流をとめる止血帯法があります。

2）骨折の種類

骨折には、外力が加わったことによる外傷骨折、繰り返し外力が加わることによる疲労骨折、疾病により骨の健康性が失われることに起因する病的骨折などに分類されます。また、完全性による分類では、完全骨折と不全骨折に分けられます。前者は、骨が完全に連続性（離脱状態）を失っている状態をさします。一般的な骨折はこの完全骨折を意味します。後者は、骨が連続性を失わない状態の骨折をさし、いわゆる骨にひびが入っている状態である亀裂骨折などがあげられます。

次に、開放性による分類では、開放骨折（複雑骨折）と閉鎖骨折（単純骨折）に分けられます。前者は、骨折部が体外に放出されている状態の骨折をさします。露出することにより、骨折部に細菌感染が起こる可能性があります。後者は、骨折部が体外に開放されていない状態の骨折をさします。骨折部に細菌が感染する危険性が低いため、筋骨格系の治療のみとなります。骨折などの場合、患部および患部上下の関節を固定することにより、損傷部位の動揺を防いだり、痛みを和らげ出血を防いだりする効果があります。

2．熱中症の原因と対策

高温や多湿の環境にさらされたり、あるいは体内での熱生産が放散を上回ったりした場合に起こる全身の熱傷害を熱中症といいます。症状により熱失神、熱けいれん、熱疲労、熱射病と診断されます。また、環境省（2014）は、熱中症の重症度を「具体的な治療の必要性」の観点から、Ⅰ度（現場での応急処置で対応できる軽症）、Ⅱ度（病院への搬送を必要とする中等症）、Ⅲ度（入院して集中治療の必要性のある重症）に分類しています。

熱中症は、真夏日・熱帯夜日数の増加、ヒートアイランド現象などの地球温暖化にともなう気象条件の影響も受けていると考えられます。

1）熱失神

熱中症のなかでは、初期症状になります。皮膚血管の拡張によって血圧が低下し、脳血流が減少しておこる症状です。めまい、一時的な軽度の失神、顔面蒼白などの症状がともない脈は速くて弱くなります。暑い中で少しでも体調がおかしいと感じたときは、熱中症を疑い涼しいところへ移動し、水分を補給するなどの対処が必要です。

2）熱けいれん

運動時に多く、大量の発汗により血液中のナトリウム濃度が低下した上、水だけを補給したことが原因で四肢筋肉にけいれんが生じます。症状は、大量の発汗と腕や足、腹部など部分的なけいれん、吐き気や強いのどの渇きです。また、顔色が悪く、脈が弱く速くなります。

熱失神と違って、筋肉のけいれんを起こすのが特徴です。治療は、涼しい所で塩分を含む飲料水などを飲ませます。筋肉のけいれんがひどい場合は、医療機関で塩分を補う点滴を行います。通常は、生理的食塩水（0.9%）の補給で回復していきます。

３）熱疲労

体内の水分や塩分が不足するなどの脱水症状が原因です。体内の水分が極端に不足した場合に生じます。症状は、大量の発汗で体の水分が減ってしまうために脱水症状を起こし、体がだるく感じるなどの自覚症状が出ます。脱力感、倦怠感、めまい、頭痛、吐き気などがともなうのが特徴です。治療は、涼しい所で安静にして、脱水状態の改善のため、塩分を含むイオン飲料､いわゆるスポーツ飲料の補給や症状によっては､医療機関での点滴を行います。

４）熱射病

水分や塩分の不足から体温調節機能が異常をきたしてしまうことが原因です。放置しておくと死に至る大変危険な状態です。症状は、大量の発汗により相対的な循環血液量が減少するため、顔色が悪く、唇は蒼く、脈も弱くなります。体温が 41 度を越えてしまい、顔などの皮膚が熱く、赤くなって乾燥してきます。治療は、とにかく体温を下げることです。水や氷などで体全体、または脇や足の付け根や首を冷やしたり、扇風機などを用いて 40 度以下に冷やすことが先決です。医療機関で点滴を行い、脱水の改善を行うことも必要です。

表１　熱中症の症状と重症度の分類

分類	症　状	症状から見た診断	重症度
Ⅰ度	めまい・失神 筋肉痛・筋肉の硬直 手足のしびれ・気分の不快	熱失神 熱けいれん	低
Ⅱ度	頭痛・吐き気・嘔吐・倦怠感・虚脱感	熱疲労	↓
Ⅲ度	Ⅱ度の症状に加え、 意識障害・けいれん・手足の運動障害 高体温 肝機能異常、腎機能異常、血液凝固障害	熱射病	高

出典：環境省（2014）一部加筆

３．心肺蘇生法

心肺蘇生法とは、病気やけがにより突然に心肺停止、またはそれに近い状態になったときに、人工呼吸と胸骨圧迫（心臓マッサージ）の組み合わせによって対応することをいいます。

1）心肺蘇生法の手順

スポーツ活動中には様々な危険があり、その中でも心肺停止は非常に危険です。呼吸・心臓停止と見られる人の救命へのチャンスを維持するため、私たちにもできることがあるのです。ここでは、心肺蘇生およびAEDの手順について学んでいきます。

① 意識の確認
全身を観察し、反応を確認します。反応があれば応急手当てをし、反応がなければ一次救命処置（心肺蘇生、AEDを用いた除細動、気道異物除去）を開始します。

② 注意の喚起および119番連絡とAEDの準備

③ 気道の確保（片手を額にあて、頭部を後屈させ、あご先をあげます。）

④ 呼吸の確認（気道を確保した状態で、胸の動きを確認しながら頬を傷病者の口・鼻に近づけて確認します。）

⑤ 人工呼吸の開始（人工呼吸を2回します。胸部が上がるのを確認し、1秒間かけて吹き込みます。）

⑥ 胸骨圧迫の開始（胸骨圧迫を30回、人工呼吸を2回繰り返します。）

⑦ 回復の確認（正常に戻れば救急隊の到着を待ちます。意識がなく、普段どおりの呼吸がない場合はAEDを用います。）

2）AEDの操作手順

① 傷病者の頭の横に置き、ケースから本体を取り出す

② 電源を入れる（それ以降は、音声メッセージと点滅するランプに従い操作します。）

③ 電源パットを貼る

④ 心電図の解析をする（電気ショックが必要かどうか解析しています。）

⑤ 電気ショックが必要となれば、電気ショックを行う（電気ショック1回行った後は、ただちに心肺蘇生を再開します。）

〔引用・参考文献〕

日本赤十字社（2008）『赤十字救急法講習教本(6版2刷)』.

宮永豊・河野一郎・白木仁（1998）『アスレチックトレーナーのためのスポーツ医学』，文光堂.

近年では、スポーツ活動に携わる人は勿論のこと、一般市民に対しても救急法の知識習得が強く求められています。それは、けが人や急病人が発生した場合、近くにいる人が素早く適切に対処することで、悪化を最小限に抑えることができるからです。スポーツ活動は、けがをともなうことが多いので、未然に防ぐことに加え、発生後の対処法も知っておく必要がありますね。いざという時のために、基礎知識を身につけておきましょう。

第３章　子どもと運動・スポーツの関わり

１１．子どもの体力・運動能力の現状

Point

１．子どもの体力の現状を知ろう
２．子どもを取りまく環境の変化を理解しよう
３．これからの運動・スポーツへの期待を考えよう

１．はじめに

子どもの体力の慢性的低下傾向は、昨今の社会環境や生活様式の変化などから、各家庭での現状を捉えなければなりませんが、本来子どもたちは、学校や地域での身体活動を中心に、さまざまな運動に親しみ、体力が高まっていきます。学校での身体活動は、就業前や昼休みの時間を利用した活動、放課後では習い事によるスポーツ活動などがあげられます。その中でも、体育授業は質的・量的からしてすべての子どもに共通の機会を与える場として重要な意味をもつことになります。すなわち、子どもの体力低下に歯止めをかけるかたちで、授業数の増加に至ったのです。小学校学習指導要領解説体育編では、生涯を通じて運動に親しむ基礎を築くこと、体力を高め健康な身体を培うこと、そして、系統性のある段階指導をすることなど、いくつかの見直しがなされています。このことは、学校現場はもちろんのこと、スポーツ活動を支援する立場の人にも当てはまるものと考えます。

運動・スポーツ活動を通じて、技能、態度、思考・判断を育むとともに、体力の向上、運動離れや運動嫌いの改善、健康の保持増進など、学校・スポーツ現場に強い期待が寄せられているのです。

２．子どもの体力について

１）子どもの体力の変化

文部科学省は、1964（昭和 39）年から現在に至るまで、毎年全国児童生徒の「体力・運動能力調査」を実施し、走力・跳力・投力・筋力などの基礎的運動能力についての結果を報告してきました。1964（昭和 39）年から 1975（昭和 50）年ごろにかけての調査結果では、子どもの体力は向上を記録しました。それは、東京オリンピックの開催を契機にスポーツ振興が盛んになり、栄養状態の改善や体格面の向上などがプラスに作用したと考えられていますが、その後は体育授業の減少や子どもたちの生活様式の変化により、1985（昭和 60）年ごろから現在に至るまで、低下ないし停滞傾向を記録しています。その中でも、特に小学生

の基礎的運動能力のソフトボール投げは、測定を開始した1964（昭和39）年から低下を続けていることが懸念されています。近年ではやや向上の兆しがみられるものの、記録の高かった昭和60年度の体力水準との比較では依然低い数値となっています（文部科学省）。

これらを深刻に捉え、文部科学省を始め、各県・各地域で子どもの体力の向上にかかわる取り組みがなされてきました。子どもの健康・体力はピーク時に比べて依然として低いものの、ここ数年の間に、保育所、幼稚園、小・中・高等学校などの教育機関や、国、地方自治体などにおいて、子どもの健康・体力向上のためのさまざまな取り組みが行われるようになり、その基盤となるエビデンスも増加してきました。その結果、体力測定のいくつかの種目では、向上していることが確認されています。

子どもたちの体は、思春期発育期を挟んで大きく変化し、発育の様子は「身長」に最もよくあらわれてきます。つまり、身長は骨や骨格の発育と関係があるのです。身長の発育は、遺伝的な要因に強く影響されますが、後天的な成育環境の影響も少なくありません。骨の成長には成長ホルモンや甲状腺ホルモンあるいは女性ホルモンなどが大きく影響しています。第二次性徴期はこれらホルモン分泌が著しく、そのため身長も生後1年間を除いて最も伸びる時期になります。誕生から成人に至る体の発達過程には、2 回の発育急進期があります。第1発育急進期は、誕生から乳児期の頃をいいます。第2発育急進期は、小学校高学年から中学生期（高校生くらいまで）頃をいいます。

骨の成長に影響を与える後天的な要因には、生活様式のほか、健康づくりの生活三要素である、栄養（食事）、休養（睡眠）、運動も必要です。特に栄養においては、体を動かすエネルギーのもとになる糖質（炭水化物）・たんぱく質・脂質、体の調子を整える、ミネラル・ビタミンなどのバランスの良い摂取が必要になります。これらは、五大栄養素とされ、体つくりや健康維持の重要な役割を担っています。

2）子どもを取りまく環境の変化

科学技術の進歩に支えられた現代の社会生活によって、子どもを取りまく社会環境に大きな変化が生じ、子どもが思いきり体を動かして遊ぶ機会は減少の一途をたどっています。

昨今の子どもを取りまく社会環境の変化では、都市化による遊び場の減少、少子化による遊び仲間の減少、交通事故や誘拐などの犯罪の多発、外遊びやスポーツの重要性の軽視、いじめなどがあげられます。生活様式の変化では、塾や習い事による生活時間の変化、携帯電話をはじめ電子機器の普及による生活様式の変化、夜型化にともなう就寝時刻の遅さ、朝食の欠食や栄養の偏りなど、生活習慣の乱れがあげられます。また、スポーツ界における変化では、学校スポーツ（部活）の変化、過剰な勝利至上主義、体罰、セクシュアル・ハラスメントなどがあげられます。

このような環境の変化から、子どもの体力・運動能力の低下、発育期の動作発達の低下、小児肥満や姿勢の悪い子どもの増加、身体の虚弱化にともなう気力の低下などが問題となっているのです。すなわち、子どもの身体活動の低下は、子どもたちが担うことになる将来の社会から活力を奪うことにつながる極めて重大な状況と捉えなければならないのです。

3．運動・スポーツへの期待

1）運動の二極化

全国体力・運動能力、運動動習慣等調査の結果から、1 週間の総運動時間（体育授業と通学時間を除く）が 420 分以上とそれ未満の児童生徒を比較すると、よく運動をしている子どもとそうでない子どもとの間で体力差が開く、いわゆる「体力の二極化」を確認することができます。

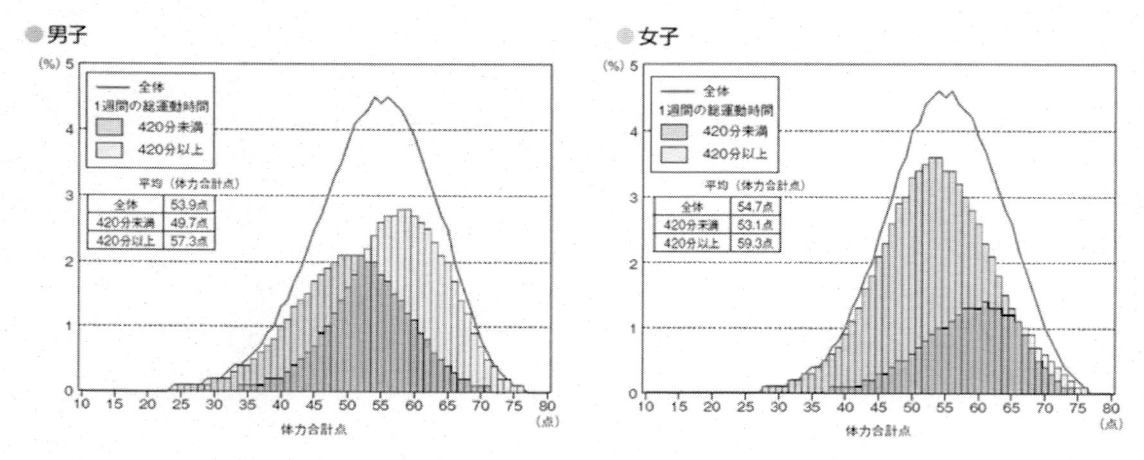

図１　１週間の総運動時間と体力合計点との関連
［出典］文部科学省平成 25 年度全国体力・運動能力、運動習慣等調査結果 p.34

男女ともに正規分布した二つの山が見られ、平均値において差が見られることから、運動をしている子どもとしていない子どもの体力においても二極化している現状が認められます。頻繁に運動をしている子どもは、学校の体育授業以外にも放課後の外遊び、あるいは体育教室やクラブチームなどに通うなどして運動に関わっています。一方、体育授業以外では、ほとんど運動をしないという子どもも少なくありません。つまり、子どもの体力の慢性的低下傾向に歯止めをかけるために、家庭での外遊びや学校での身体活動に期待が寄せられているのです。

2）これからの運動・スポーツへの期待

日本体育協会では、「スポーツは、身体活動という人間の本源的な欲求に応えるだけでなく、成功や失敗、達成と挫折、競争と共同、喜びと悲しみなど、まさに人間として“生きる”ことの直接的な 体験の機会を与えてくれる。それらの直接的な体験を通じて、爽快感、達成感、他者との連帯感などの精神的な充実、楽しさや喜びを感じることができるだけでなく、体力や技能など身体的な能力の向上を図ることができる。-以下、省略」としています（21 世紀の国民スポーツ振興方策．H20.3)。いわば、生涯にわたって健康を保持増進し、運動に親しむ資質や能力を培うために、子どもの頃からの身体活動に関わることの必要性・重要性を述べているのです。このことは、子どもに身体活動の場を提供する、指導的な立場に立つ人への期待も込められているのです。これからは、子どもの体力・運動能力の向上だけでなく、ストレス社会に力強く生きる人材の育成、コミュニケーションスキル、リーダーシップ、規範意識、思いやりの心など、豊かな人間性を養うために、子どもたちが運動・スポーツにどのように関わっていくのかを考えていく必要があります。

〔引用・参考文献〕

大矢隆二他（2011)『小学校体育授業に対する好き嫌いと運動意欲の関連性および授業後の感想文のテキストマイニング』，34-1，日本教科教育学会誌.

財団法人日本体育協会（2008)『21 世紀の国民スポーツ振興方策−スポーツ振興 2008−』.

文部科学省（2008)『小学校学習指導要領解説体育編』，東洋館出版.

これまでの体育やスポーツ活動で嬉しかった場面を思い浮かべてください。さて、いくつ浮かびましたか？以前、ある地域の小学校３・４年生を対象に「体育で嬉しかったこと」について質問紙調査を実施したことがあります。嬉しかったことの上位ですが、第１位は、運動ができるようになったことによる達成体験。第２位は、先生や仲間にほめられたことによる称賛。第３位は、仲間と協力して達成（勝ったなど）することによる共有体験でした。大人になっても、この３つは上位に入りそうですね。

１２．子どもにおける運動・スポーツの効果

Point

１．神経機能について考えてみよう
２．心理的側面の影響を考えてみよう
３．スポーツ障害について理解を深めよう

１．子どもの神経機能に対する効果

子どもたちの中には、バランスをとったり、上手にリズムに合わせて体を動かしたりする子どもや、素早く動いたり、ボールを巧みに扱ったりする子どもがいます。このように、自分の身体を自在に操作できる能力を広義に、「調整力が高い」といっています。調整力には、平衡性、敏捷性などの能力に加え、巧緻性も要素の一つとされています。調整力が高まると、これまでできなかった運動・動きができるようになったり、できる運動が増えて運動そのものが楽しくなったりします。すなわち、調整力が高くなるということは、運動神経も活性化されるのです。これは、子どもの頃の運動（遊び）体験が後の身体活動に影響しているのです。

運動神経が刺激され、著しい活性化には運動の適齢時期が関係してきます。運動神経は、特に就学前から小学校の頃が最も盛んに活性化します。段階的にみていきますと、プレ・ゴールデンエイジ期（5～8歳頃）とよばれる時期があります。これは、人間の成長の中で最も神経系が活性化する時期です。この頃は、見るもの、体験するものが珍しく、様々なものに興味・関心をもつ好奇心旺盛の年代です。次に、ゴールデンエイジ期（9～12歳頃）です。この頃は、神経回路が盛んに張り巡らされ連結される時期であり、難易度の高い運動もできるようになってくる年代です。また、視覚、聴覚、味覚、嗅覚、触覚（皮膚感覚）といった五感のほか、平衡感覚、身体の位置感覚、運動感覚に関する深部感覚なども急速に発達して、12～13歳頃までにほぼ成人の水準に近くなります。

このように、就学前から小学校の頃は、まさに運動神経発達の適齢時期に差し掛かっているのです。つまり、この時期に様々な運動・スポーツに親しみ関わることは、大変意義深いことといえるのです。

２．子どもの心理的側面への影響

1）子どもの意欲を引きだす

運動・スポーツ集団の雰囲気づくりには、他者よりも優れていることや勝つことに価値をおくなど、結果を重視する「成績志向的雰囲気」と学習に価値をおき個人的な進歩上達や努

力を高く評価する「課題志向的雰囲気」があります。学校の授業では、楽しく明るい生活を営む態度を育てることが求められるので、後者を用いる場合が多いですが、それでも運動の好き・嫌いが分かれてきます。

課題志向的雰囲気は、高い運動有能感や喜び、満足感、スポーツマンシップ、道徳性などの肯定的な認知・感情・行動を生みだすのに対して、成績志向的雰囲気は、高い不安、仲間との強い葛藤、低いスポーツマンシップ意識、道徳性の欠如など、不適応的な達成パターンを生むことがあります。これは、スポーツ界における課題としてあげられている、「過剰な勝利至上主義」が起因する行動パターンです。運動・スポーツをしている以上、勝つことや向上を目指しますが、一方向に偏り過ぎないように指導者が上手に雰囲気をつくることが求められます。

2）運動・スポーツにおける有能感

気づきを引きだす要因として、子どもの動きをしっかり観察しながら、取り組みを認め、自主性を待ち、過程や成果を褒めることが必要になります。また、指導者の期待によって学習者の成績が向上することもあります。このことは、自分でやってみたい、自分にもできそうだ、という運動有能感の形成につながります。

運動における有能感が高い子どもは低い子どもより（無力感をもった）、自信、積極性、協調性が高いということも報告されています。すなわち、自分の興味に基づいて自発的に力いっぱい楽しく挑戦的に運動できる雰囲気の中での運動経験は、運動能力を高め、運動有能感を形成し、自信や積極性を育みます。しかし、他者と比べて上手下手や勝ち負けが強調されると、下手な子どもや負ける子どもは無力感が形成されていきます。さらに、運動に対して劣等感を持ちやすく、運動嫌いになってしまうことも懸念されます。

3．運動・トレーニングの適齢期とスポーツ障害

1）子どもの投能力の現状

近年、子どもの長期的な体力水準の低下傾向や運動する子どもとしない子どもの二極化が社会問題として取り上げられています（中央教育審議会、2008）。特に小学生の基礎的運動能力のひとつであるソフトボール投げは、文部科学省が測定を開始した 1964（昭和 39）年から低下傾向が続いています（文部科学省、2014）。2014（平成 26）年度、全国体力・運動能力、運動習慣等調査結果によれば、静岡県小学校第５学年のソフトボール投げの低下は顕著であり、投能力改善が喫緊の取り組み課題となっています（静岡県教育委員会、2014）。

投動作は、ゴール型のハンドボールやバスケットボール、ネット型のバレーボールやテニス、バドミントンなどの腕を上げ振り下ろす動作と類似性があり、他の運動を効率的・効果

的に実践していくうえでの基礎的な動きを含んでいます。

投能力の低下傾向は、児童の日常的な遊びなどの中から「投げること」の経験が減少していることや学校体育、その中でも教科体育において「投げること」の指導が十分なされていないことなどが原因と指摘され（池田ら 2012）、実際の授業の中で投能力を高める努力が必要であります（尾縣ら 2001）。投動作は人間固有の動作のひとつであり、その巧拙は子どものころの運動経験に大きく影響されます。特に低学年では、捕と投のスムーズな組み合わせも期待でき、ボールを取り扱う技能は練習に大きく左右されるものであり（Kurt Meinel、1981）、投動作を身に付ける適時性の観点からもこの時期の運動の関わりは大変重要であるといえます。

小学校の低・中学年は、遊びを通して自然と運動感覚を身に付けられる適齢期であり、この時期の運動への関わりは、後の投動作を含むスポーツ参加に大きく影響するものと推測できます。すなわち、投能力の向上を考えるとき、運動神経の発達が顕著な小学生の時期に適切な指導が必要になると考えられます。体育授業での投動作習得の学習は質的・量的からしても共通機会を与える場として重要な意味を持つことになり、また、指導方法（教師の関与）という質的条件が学習者の発育発達段階に合致していることが重要といえます。

2）筋力トレーニングの開始時期

最大筋力を高めるためのトレーニングは、骨の成長が完成した時期から始めるのが適切です。骨が急激に成長する時期（小学校高学年から中学生の時期）は、スポーツ障害が発生する危険性が増大するため、筋力強化をともなうトレーニングには注意が必要です。個人差はありますが、身長の伸びがピークを示す時期（一般的には女子：11～12 歳、男子：13～14 歳）の後の３～４年経ってから本格的な筋力トレーニングを始めるのが適切と考えられます。

人間の身体器官は、20 歳前後に完成するといわれていますが、個人差はもちろんのこと器官によって発達の時期が異なります。すなわち、それぞれの器官の発達が最も著しい年齢に、その発達を促進する運動を行うことによって、筋力や運動能力を効果的に発達させることができるのです。

3）子どもにみられるスポーツ障害

スポーツ障害は、貧血、オーバートレーニング、溺死、突然死などの内科的障害と関節障害、疲労骨折、慢性的炎症、各部位の損傷などの外科的障害に分類されます。内科的障害の中でも、オーバートレーニングによるスポーツ障害は、偏りが原因になっていることが多く、慢性疲労が回復するのに数週間から数ヶ月を要することもあります。これは、成長期の子どもにとっては大変深刻な影響を及ぼすことになります。特定の練習やフォームにより痛みが発生した場合、その方法や質的・量的問題、あるいは身体の姿勢バランスや靴、装具、道具などの影響を見直すことが必要です。

また、子どもに多い外科的障害として、野球（テニス）肘、腰椎分離症、ジャンパー膝、オスグット病などがあります。特に膝のスポーツ外傷・障害は、部位別で上位を占めています。膝障害の内容は、外傷によるものと慢性の障害があり、全体の割合では慢性の障害の方が多い傾向にあります。例えばジャンパー膝は、ジャンプやランニング動作などにおいて、膝伸展機構に繰り返し強い負荷がかかることによる、膝蓋骨を中心に生じた慢性疾患です。特に成長期に骨の成長と筋力の発達にギャップがみられ、激しい練習と相まって慢性的な痛みにつながっていくケースがあります。もちろん、未然に防ぐことが大切ですが、初期であればジャンプやランニングをともなう運動の軽減、大腿四頭筋のストレッチ、運動後のアイシングなどでケアしていきます。また、オスグット病は、ジャンパー膝と同様に疼痛をともないます。したがって、膝伸展をともなう動きの軽減、ジャンプ動作を制限するなどの配慮が必要になります。運動後にはジャンパー膝と同様にアイシングを行ないケアしていきます。

このように、子どものオーバーユース症候群の特徴は骨の成長と関係し、特に身長の伸びが著しい第二次性徴期に多発しています。一見、楽にこなせる範囲の運動でもスポーツ障害を起こしてしまうことがあります。その多くは練習方法や練習環境、使用する用具などに起因したものが考えられます。そのため、指導者は子どもの身体的変化を見逃さず、傷害を未然に防ぐ対策を講じることが重要です。実際にどこかを痛めてしまった場合は、無理をさせずその障害箇所のメンテナンスをすることが大切になります。

〔引用・参考文献〕

池田延行・田原淳子（2012）小学生を対象とした「投げる運動」の授業実践に関する研究. 国士舘大学体育研究所報. 31: 73-76.

尾縣貢・髙橋健夫・高本恵美ほか（2001）オーバーハンドスロー能力改善のための学習プログラムの作成：小学校２・３年生を対象として. 体育学研究 46: 281-294.

クルトマイネル著　金子明友訳（1981）マイネル スポーツ運動学. 大修館書店.

宮永豊・河野一郎・白木仁『アスレチックトレーナーのためのスポーツ医学』, 文光堂.

宮下充正（2007）『子どもに「体力」をとりもどそう』, 杏林書院.

１３．集団形成の特徴とリーダーシップ

Point

１．日本人の集団性の特徴はあるのだろうか
２．集団はどのように形成されていくのかを知ろう
３．リーダーシップの理論について考えよう

１．はじめに

リーダーシップといっても多様であり、集団の性質・大きさ・年齢・性差などによっても異なります。同じスポーツ集団でも、日本一を目指している集団と参加することが第一義となっている集団では、リーダーの在り方や成員のモチベーションが異なってきます。

現代のわが国のような変化の著しい時代であればあるほど、組織集団の目標達成や集団統率の難しさは増していくものです。日進月歩に変化する社会を取り巻く環境を把握し、日本人の根本にあるとされる集団性を理解し、日本的な集団構造の特徴を知ることは日本のリーダーの基本ではないでしょうか。すなわち、リーダーには環境の変化に対応・順応し、確実に目標を達成していくための資質・能力が求められているといえます。

２．日本的集団主義について

日本人の多くは自分の属している組織との一体化をはかり、自分を犠牲にしても組織のために懸命に尽くすという他国からの日本人評価があるようです。一般的に組織との一体化を優先することを「集団主義的」とよばれており、日本人はまさに集団を優先する国民性があると考えられているのです。しかし、集団主義は日本だけの現象ではなく、どこの国でも見られることであり、人間が仲間、地域社会、学級集団、チーム、会社などの組織の一員であることを考えれば自然の現象といえます。集団主義の概念は異なっても、個より集団の方が安全で強力となれば、帰属意識も高まると考えられます。

日本は一体化という情緒の実現が集団性の第一義傾向であるのに対し、欧米の集団主義は己の信ずる行動の原理を共有することで成り立つ、「連帯」から生まれた集団主義であると推測できます。一般に、日本の学校における規律、集団行動、生活習慣などの指導では、全人格的な教育であり、組織・集団の統一性を意図したものが多く見られます。これは、学校教育には守るべき規則や拠るべき手本、基準の必要性と考えられます。次に、個人レベルの例をあげると、学級集団などで何かを決定する際、自分の考えや思いを控えて同調することもあります。しかし、発言できないからといって、自律性に欠けているとはいいきれません。

あくまでも日本的な「集団主義」を想定するのであれば、それは、組織に対する成員の全面的な帰服ではなく、自発的な組織参加や、他成員との協調が、結果として自分や組織のためになるという考えのもとであると考えられます。

3．日本人の「ウチ」「ソト」概念

われわれが普通に使う会話のなかで、「ウチの大学」「ウチの会社」などといった言い方はごく一般的に用いられています。これは「ウチ」をウチ以外のもの、すなわち、「ソト」と対比させ、その間の違いをつくることによって、自分の所属する集団を明確にする表現といえます。このように、ある特定の個人が自分の所属する集団とそれ以外の諸集団との相違を社会学では、内集団と外集団との対比で説明しています。内集団は、個人が自らをそれと同一視し所属感を抱いている集団、外集団は、他者と感じられる集団で競争心、対立感、敵意などの差し向けられる集団ということになります。

一般的に、日本人は親を中心とした家族と緊密な関係をもち、家族を「身内」として生活していきます。そして、日々接触のある友人や組織集団に対しても「身内」として心情的なつながりをもつことが多いのです。日本的集団主義の本質的な特色は、個を集団に溶け込ませることによって生じる一体感や、個人の能力の差異をあまり際立たせないことで一体感を生む傾向があります。それは、中根（1967）が指摘したように、「ソト」との交流を極端に狭めた閉鎖性や、「ヨソ」を受け入れない排他性へとつながり、集団に対する忠誠心だけが強調されるとも考えられます。

4．集団がまとまるということ

集団には、様々な形態が存在し、家族をはじめ、学校集団、学級集団、スポーツ集団、運動集団、同好会、ゼミナール、企業集団など、いくつもの名称をあげることができます。ときには明確な設立目的のもと合理的に編成された集団を組織とよぶことがあり、企業、官庁などがこれに該当します。 こうして人々は集団に所属し、自らの要求（欲求）や目標の達成を目指し、社会は集団を通じて文化や伝統を伝え、社会化を推し進めるのです。

スポーツ集団を例にとれば、チームにおいて勝つことや技術の向上などの目標が明確になると自然と成員間の役割も分担されてきます。チームリーダー、各セクションなどの役割が整備され、全体的にまとまりのある活動ができるように変化してきます。つまり、集団に応じてそのセクションに相応しい人材が配置されることで、役割や責任の所在が明らかになり、全体としてまとまりのある集団に発展していく状況が形成されます。

凝集性の高い集団には、成員が互いに協力し合う相互作用という特徴をもっています。これは、個人ではなし得ないものも組織力で可能にしてしまうことがあります。そこには、集

団がまとまる力が働き、自発的で積極的な協調関係、助け合いなどが生じます。集団が形成され存続するには、何がしかの凝集性が必要なのです。したがって、その凝集性が高いと成員のモラルや満足度を高め、集団への帰属意識や一体感を高めることになります。一方、集団は対立、拮抗することもあり、同一集団に所属していてもすべてが肯定的関係になるのは現実には難しいこともあります。凝集性を高める上で重要な役割を果たすのはリーダーであるとされ、リーダーは成員との関係をうまくいくようにするために成員に指導、援助を行う必要があるのです。すなわち、成員間に肯定的な人間関係を構築するためにも、リーダーの存在が不可欠なのです。

５．リーダーシップ論（PM 理論）

スポーツ集団のリーダーは、課題を達成するために集団の性格、構造、機能などについて理解を深めるとともに、日本人の集団研究の成果をもとにしながら、運動機能の向上や個と集団の安定した状態を構築することなどが期待されます。また、成員の特性を理解しながら、課題達成（目標達成にいたる過程）をより効率的・効果的に進めることが求められるのです。ここでは、リーダーシップ論の先行研究をもとに、スポーツ集団のリーダーの方向性がその集団にどのように影響を与えるかを考察していきます。

リーダーシップの初期研究は、「リーダーシップはリーダーの人格特性によって決定される」という考え方に基づき、数多くの研究が行われてきました。教師論、教師としての資質などがそうです。やがて、リーダーシップ研究の中心は特性論の研究から、リーダーシップ・スタイル研究へと移っていきました。リーダーシップ・スタイル研究はアイオワ大学で行われた民主的リーダーシップ・スタイル研究に始まり、やがて、PM 理論にみられる二次元的リーダーシップ研究へと移ってきたのです。三隅（1966）は、リーダーシップの役割として、二つの機能に焦点をあてました。それは、「目標達成に関する機能（P）」と「集団の維持に関する機能（M）」に分類したのです。やがて、リーダーシップの類型機能として、その組み合わせによるリーダーシップの効果をみようとする「PM 式リーダーシップ論」が展開されたのです。

三隅は、PM 理論を集団機能という観点からリーダーシップの類型化を試み、P 機能（Performance function:目標達成機能）と M 機能（Maintenance function:集団維持機能）を分類したものを直交軸で表現し、リーダーシップの効果を検討しました。

丹波（1976）は、PM 式リーダーシップ論を運動部に適用し、運動部の権限構造や集団機能との関係を検証しました。それによれば、戦線においては、Pm 型が最も強く、モラル（士気）・成員性では、PM 型、pM 型が高く、練習への参加率は P 機能の強さと密接な関係があるとしました。

これらのことをまとめて、P機能はチームを強くすることにつながり、モラル、成員性、部員の満足度およびチームワークはM機能と関係が深いが、P機能が適度に相乗した方がより効果が高いと結論づけました。これは、運動集団も、企業集団と類似した傾向があることを示唆しています。また、成員の達成動機の違いにより、PM理論の効果に違いがでてくることが実証され、達成動機の低い集団ではP型リーダーのもとで最も生産性があがったと報告しています。つまり、リーダーシップの効果は、状況変化によって変わるが、一般的な状況ではスポーツ・運動集団、企業組織、家族、教育などにおいて、リーダーシップ効果の順位は安定し同様の傾向を示すことが実証されました。

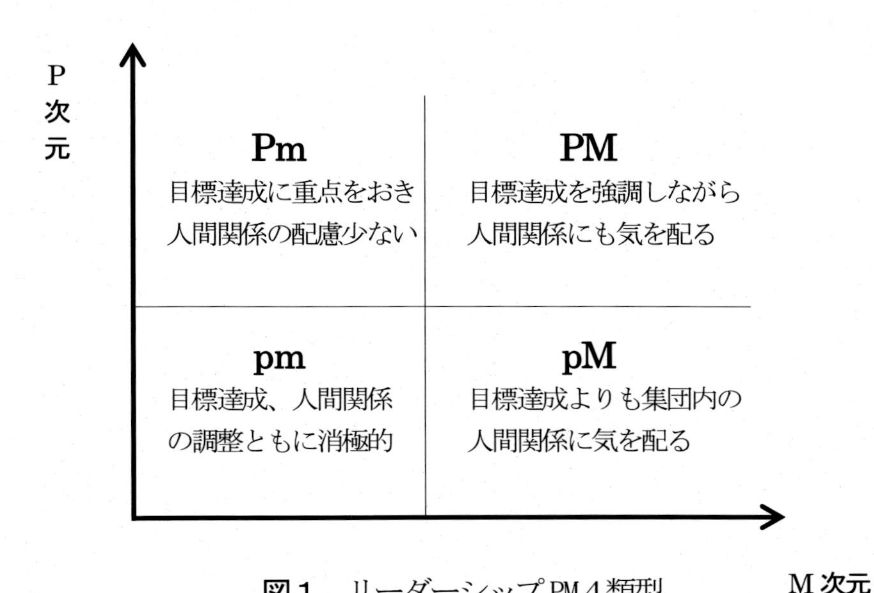

図１　リーダーシップPM４類型
[三隅二不二（1986）を参考に筆者加筆]

６．P型とM型のリーダーの特徴

リーダーシップにおけるP機能の本質は、集団目標の達成と課題遂行を最優先することにあります。そのため、成員に対する態度は厳しく、結果を優先することが考えられます。それでも、最終的に結果を残すことや目標を達成することができれば、成員の意識にある不満は表面化せず、むしろ、リーダーに対する信頼感や尊敬の意識が高まりやすいといわれています。このように、集団目標の達成がある程度なされている状態においては、成員との人間関係は良好であるものと予見されます。すなわち、P型リーダーの最大の危険として考えられることは、目標達成の失敗や集団業績の低下（AクラスからBクラスへ転落など）などが危険因子としてあげられます。

一方、リーダーシップにおけるM機能の本質は、集団を維持していくことが最優先とされるため、M型リーダーの基本は人間関係への関心であります。M型は、ともすれば物分かりのよい温情に満ちた人物がイメージされることになります。常にメンバーの気持ちを把握しながら、日々の変化に対応していくような観察眼をもったリーダーという印象になります。気配りの行き届いたリーダーからかもしだされる集団感情は、なごやかで楽しい雰囲気をもたらすこともあります。しかし、現実の集団の多くはまとまり自体が目的ではなく、集団を維持していくなかで、目的を達成してゆかなくてはなりません。したがって、M型リーダーが陥りやすい危険因子は、その場の雰囲気を大切にするあまり、次に継続させる本来の維持活動を見失ってしまうことです。このように考えると、リーダーシップにおけるP機能とM機能とは、絶対的区分ではなく、集団のおかれた状況によってアクセントのかけ方を変える、相対的区分であることが分かります。

これまでの多くのリーダーシップ研究が示すところでは、P型とM型のリーダーシップは相反する効果を生み、この2つの機能をバランスよく維持することは、決して容易ではないとされています。個人のリーダーが、同時に2つの機能を使い分け、過不足なくリーダーシップを実行するのは理想的ですが、他者と分担し、協力体制を構築することも必要と考えられます。

〔引用・参考文献〕

丹波昭（1976）『運動部の集団機能とPM式リーダーシップとの関係』，日本体育学会第27回大会号.

中根千枝（1967）『タテ社会の人間関係』，講談社現代新書.

三隅二不二（1986）『リーダーシップの科学』，講談社.

１４．カンボジアの小学校におけるアプサラダンスの教育

Point

１．カンボジアのアプサラダンスの歴史的背景を知ろう
２．踊りの動きの意味を知ろう
３．アプサラダンスの現状と課題について整理しよう

１．はじめに

カンボジアの古典舞踊（以下、アプサラダンス）は、宮廷の伝統文化の中で大切にされ、社会的な道徳、美徳を発展させ、平和な文化を世に構築する民族のアイデンティティの一部として伝承されてきました。この踊りは、通称「アプサラダンス」と呼ばれ、天使・天女の舞を意味し、神をお護りする様子を表現したものであり、世界各国の人々を魅了してきた歴史があります。その後、内乱により消滅の危機に瀕しますが、舞踊関係者たちの手により復興に向かったのです。現代では、小学校教育に取りいれるなどして次世代への伝承を歩み始めています。

２．アプサラダンスの歴史的背景

１）アプサラダンスの再興

カンボジアのアプサラダンスは、インド文化の影響を受けて、８世紀後半から隆盛したアンコール王朝時代の宗教・宮廷儀式の際に神々や王の前で奉納されていました。踊り手は、衣装、冠、装身具に至るまで、美しく、高貴な装飾品を備え付けていたとされます。これらの様子が寺院の浮彫りや壁画などに残されており、古代クメール文化の神話に触れることができるのです。

文化の再興は、近代カンボジアの基礎をつくったアン・ドゥオン王の時代（ポスト・アンコール期：1798～1859 年、在位 1845～1859 年）になされ、カンボジアの古典文化が再興されました。1863 年、「保護国」としてフランスの植民地になって以降、アプサラダンスはフランスで大いに耳目を集めることになり、再興に勢いをつけました。しかし、1975 年から約４年間続いたポル・ポト政権時代に多くの国民が虐殺を受けました。これにより、国土の疲弊、教育に関する施設、教材、システムなどが根本から破壊されるとともに宮廷の伝統文化であるアプサラダンスも排除され、その指導者、施設、環境に至るまで消滅の危機に瀕してしまったのです。

３．アプサラダンスの伝承

1）踊りで表現する動きの特徴

アプサラダンスの身体の一連動作は、大きく分けて三つの動きが表現されています。第一に、大蛇の動きです。カンボジアでは、聖なるものをお護りする大蛇ナーガ（蛇神）が遺跡群をはじめ宮殿など多くの建造物に用いられています。第二に、植物の生命の循環です。萌芽から葉の成長、開花、実を結び、熟して、ぽろりと落ちるという自然の循環が表現され、ひとの人生（一生）にも例えられています。第三に、天女・天男の動きです。人間の住む大地、大気の上方にある天界、そしてその果てを取り囲む大海など、壮大な宇宙観を表現しているのです。

アプサラダンスの動作表現には、「トン・タエ・モアム」という言葉があります。「トン＝優雅で柔らかく」「タエ＝しかし」「モアム＝堅固な」と表現され、優雅でゆったりとした動きの中にも堅固な力強い動きを象徴しています。動作表現の“トン・タエ・モアム”は、「柔らかい動きであるが堅固であると解釈でき、 奥深い身体の動きを意味しているのです。アプサラダンスの教育はカンボジア人の歴史、文化、信条、信仰などを伝承していく重要な役割があると考えられており 、一つひとつの動きに深い意味が込められています。このことを踊り手が深く理解し、後世に伝承しているのがカンボジアのアプサラダンスなのです。

2）伝統文化教育に共通する日本のダンス教育の取り組み

カンボジアの小学校では、社会科の教科書においてアプサラダンスが扱われています。各学年の教科書をみると、第２学年では、体を柔らかくするストレッチ方法や手足の動き、第３学年では、手足の動きとそのパターンの方法、第４学年では、祭りで使う古典楽器について、第５学年では、伝統的なダンスの踊り方、第６学年では、古典楽器とダンスについてなど、アプサラダンスの動きだけでなくその動作の意味について学習内容が記載されています。

日本の小学校の体育授業でダンスに関連性のある領域は、1・２年生の「表現リズム遊び」と３年から６年生の「表現運動」です。低学年の運動では、身近な動物や乗り物などの題材の特徴を捉えて、全身の動きで表現したり、軽快なリズムの音楽に乗って踊ったりします。「リズム遊び」には、中学年の「リズムダンス」と高学年の「フォークダンス」へのつながりも考慮されています。高学年のフォークダンスでは、日本のいろいろな地域や世界の文化に触れる学習が取り入れられていますが、カンボジアにおけるアプサラダンスは、自国の歴史、風土、文化を学ぶ伝統文化教育となっています。

わが国では、中学校保健体育においてダンス必修化（平成 24 年度）となりました。内容の構成は、「創作ダンス」「フォークダンス」「現代的なリズムのダンス」からなり、この中から一項目を選択することになっています。身体運動と同時に、伝承的な学習を含むフォークダンスでは、日本や外国の風土や風習、歴史などの踊りの由来を理解するとともに、民族ごとの生活習慣や心情が反映されている由来や、踊りは文化の影響を受けていることなどを学習していくのです。中学校学習指導要領に明記されている日本のダンス教育とカンボジアのダンス教育では、自国の風土、歴史などを理解し、道徳的な学習を含みながら教育していく点において、共通性を見いだすことができます。

4．今後の課題

アプサラダンスは身体運動に関わるので、近代日本のダンス教育のように体育領域で教えていくことも考えられましたが、歴史的背景や文化、そして国民のアイデンティティを学ばせるために社会科の教材に取り込みました。体育領域で扱わなかった理由として、教育体制の立て直しが急務とされたカンボジでは、国語、算数、理科、社会といった科目の改善に追われ、情操教育に位置づけられる体育においては、系統的・体系的に行われているという状況ではなったことが影響しているものと考えられます。

アプサラダンスの教育の意義として、この伝統文化を伝承していくために歴史的背景を教え、文化的重要性を理解することが目指されました。そして、一つひとつの動作や型の意味を学ばせ、自国文化の伝承を教育し、より良い社会を主体的に構築することについて、一斉に多くの子どもに系統的に教育していく必要があったのです。このことは、小学校においてアプサラダンスの教育が望まれた最大の理由であると推測できます。また、国家再建の途上にあるカンボジアは、国家アイデンティティを構築することが、学校教育に託された重要な課題であり、アプサラダンスの教育は、そのための一つとして役割が期待されているため、小学校における教育は必須であったものと考えられます。

アプサラダンスの伝承にはいくつかの課題が残されています。第一に、指導者の減少があります。有力者の家系を除き、一般の学生は卒業後に指導者として職に就くことが極めて困難という現状があるからです。第二に、グローバリゼーションの課題があります。アプサラダンスは、社会的な道徳、美徳を発展させ、平和な文化を世に構築する民族のアイデンティティの一部として伝承されてきています。しかし、現実には経済的な面から他国への情報発信機会の減少をはじめ、指導者の育成と雇用、養成施設の維持・管理、学校教育に専念できる体制づくりなど、国家としての体制が望まれるとともに、国際規模での協力体制も必要と考えられます。また、若年層の文化的な志向が、西欧の現代大衆文化、あるいはそれを基とした先進アジア諸国の現代文化に向かい、自国の伝統的な文化に対する興味の薄れが見受けられます。つまり、現代に生きる人々の心に如何に伝統文化を「生きた魅力ある文化として生き続けさせていくのか」ということが課題となっているのです。

５．おわりに

2001 年にカンボジア政府は二交代制の実施を正式に認めたこともあり、カンボジア全土の初等教育学校の 65%が二交代制で授業が行われています。二交代制は、新たな教室を増設することなく、収容児童数を拡大することが可能なため、カンボジア政府は基礎教育の完全普及を目指すための重要な施策としました。

カンボジアの体育学習は、小学校第１学年から第６学年まで週２時間取り扱われていますが、運動内容は担当教師に委ねられているのです。また、日本で取り扱われているボール運動、器械運動、陸上運動などの種目を系統的に行うことはなく（一部を除く）、実施したとしても部分的に取り扱う程度に留まっています。それは、体育施設の問題として、児童数に対してグラウンドが狭いこと、都市部ではグラウンドがアスファルトであること、体育館がほとんどないことなどがあげられます。このように、現時点でのカンボジアの小学校の体育学習は環境整備の課題が残されていますが、国としての強化体制、大学関係者や NPO 法人の協力により、様々な取り組みが進められています。例えば、体育指導書の作成、体育講師の派遣、人材育成、施設・用具の整備などがそうです。今後のさらなる発展が期待されます。

一方、生涯スポーツの取り組みとして、カンボジア中高年者は積極的にスポーツ活動に参加し、体力の向上や健康活動に努めています。例えば、公園などではトレーニング機器が備え付けられている施設もあり、早朝からトレーニングに励む市民も多いです。また、オリンピックスタジアム（Phnom Penh）のような広大な施設では、日が昇る前からランニング、ウォーキング、ジャズダンス、各種球技を楽しむ市民が集い、身近な生活のなかにスポーツを取り入れています。まさに、生涯を通じての健康づくりや社交の場としてスポーツに親しんでいるのです。

わが国でも平均寿命の延伸や余暇時間の増大、所得水準の向上や生活意識の多様化から、スポーツの大衆化が進んでいます。スポーツの持つ多くの意義と役割を暮らしのなかに取り入れることは、生活の質を高める上でも大切な取り組みだといえるのです。

〔引用・参考文献〕

Pierre Odier (2010) *CAMBODIA　ANGKOR A LASTING LEGACY, A View of its Past and Present,* USA.

Denise Heywood（2008）*Cambodian Dance, Celebration of the Gods,* Thailand.

羽谷沙織（2009）〔第Ⅰ章カンボジアの教育制度，第Ⅴ章開発下カンボジアにおける古典舞踊と自文化をめぐる〕，西野節男編著『現代カンボジア教育の諸相』，東洋大学アジア文化研究所・アジア地域研究センター.

第4章　健康の現代的課題

１５．脳死・臓器移植

Point

1．脳死とは何かを理解しよう
2．臓器移植法について学び、自分の意思表示に役立てよう
3．臓器移植の問題点について知ろう

1．臓器移植法案の改正

1997年に「臓器移植法」が施行され、心停止後の腎臓と角膜の移植に加え、脳死状態からの心臓、肺、肝臓、腎臓、膵臓、小腸などの移植が可能になりました。この法案では、臓器提供には、本人の意思表示と家族の承諾が必要でした。また、本人の意思表示が15歳以上に限られていったため、日本では小さな子どもに適合するサイズの臓器を移植することはできませんでした。そのため、多くの子どもが海外での臓器移植を希望していました。ハードルの高い法律が影響してか、移植件数は同時期に法案が成立したドイツなどと比べても大きな差が出ています。脳死を死と認めるかどうかについては、臓器移植時に限って認めるという分かりにくいものでした。

そのため、法案の改正について長い期間議論が続いてきましたが、2010年に改正臓器移植法が全面施行され、本人の意思が不明な場合も、家族の承諾があれば臓器提供することができるようになりました。これにより15歳未満の方からの脳死状態での臓器提供も可能になりました。また、脳死を一般に人の死と位置付けることや、親族へ優先的に臓器を提供することができることも盛り込まれました。

2．脳死とは何か

脳死とは、呼吸・循環機能の調節や意識の伝達など、生きていくために必要な働きを司る脳幹を含む、脳全体の機能は失われた状態をいいます。脳死と判定された場合、どんな治療をしても回復することはなく、多くは数日以内に心臓が止まるとされています。しかし、最近では、脳死判定後長期間にわたって心臓が動き続ける事例が報告されるようになりました。長期脳死と呼ばれる状態ですが、小児の場合、長期化することもあります。また、自発的に身体を動かすラザロ兆候と呼ばれる症状も多数見られます。体温が維持され、心臓が動いている状態を死と受け入れることには、根強い反対論があり、日本では臓器提供時に限って脳死を個体死としています。2010年の改正臓器移植法によって脳死は人の死である位置づけられましたが、脳死判定を行うのは原則、臓器移植を前提とした場合であり、臓器提供時に限

って脳死を人の死とする理解は変わっていません。

現在は、まだ脳の機能などはまだ完全には解明されていません。したがって、脳死と判定されても、本当の脳の全ての機能が恒久的に失われているかどうかを立証することは難しいのです。また、従来は脳が身体全ての統合機能を有していると考えられていましたが、脳死状態の子どもが成長していくことからも、脳がなくても身体の統合性は維持されることが示唆されています。

3．脳死と植物状態の違い

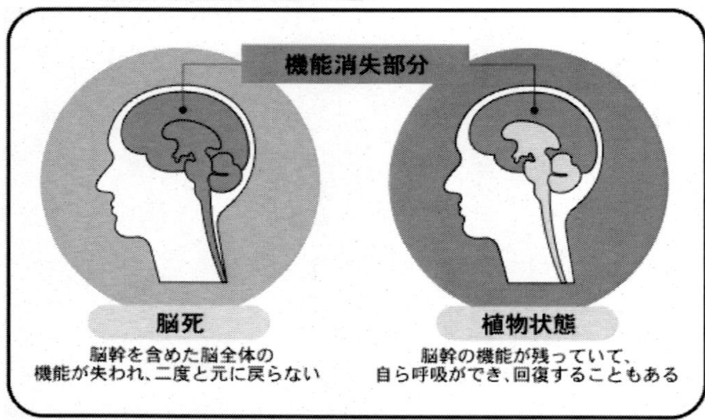

出展　日本臓器移植ネットワーク「日本の移植事情」

脳死は植物状態とは全く違うものです。脳死は全脳死とも呼ばれ、大脳、小脳、脳幹の全てが機能しなくなった状態をいいます。植物状態とは、大脳の機能は失われていますが、小脳や脳幹の機能は残っていて自ら呼吸できる場合が多く、まれに回復する可能性もあります。

4．日本人の死生観

「脳死を人の死として認めるのか」また「死後、臓器を提供するのか」といった問題は、個人が死や生をどのようにとらえているか(死生観)によって大きな影響を受けるものです。一般的に死生観は、宗教の影響を強く受けると考えられています。日本人は独特の宗教観を持っていると言われており、海外諸国に比べて日本で臓器移植の普及が遅れているのは、この独特の宗教観の影響を受けた日本人固有の死生観によるものとの指摘があります。

たとえば、日本ではお盆などに先祖が家に戻ってくるとされていますが、臓器提供等により身体が欠損していると、完全な体で現世に戻ってくることができないという抵抗感が存在します。これは、祖先信仰の強い日本ならではの考え方と言えるでしょう。

5．脳死判定

脳死判定は、法令に定められた5項目によって行われます。臓器移植を前提とした脳死判定は、脳神経外科医など移植医療と無関係な二人以上の専門医師が、6時間をおいて2回行います。生後12週未満の幼児については、法的脳死判定の対象から除外され、生後12週～6歳未満の小児については脳死判定の間隔を24時間以上としています。

【5項目】

① 深い昏睡

顔面への疼痛刺激（ピンで刺激を与える、まゆ毛の下を強く押すなど）

② 瞳孔の散大と固定

瞳孔に光をあてて観察

③ 脳幹反射の消失

のどを刺激する、角膜を綿で刺激、耳の中につめたい水を入れる、瞳孔に光をあてる、顔を左右に振るなど

④ 平坦な脳波

脳波の摘出

⑤ 自発呼吸の停止

無呼吸テスト

6．脳死判定の問題点

脳死判定は、患者に大きな負担を強いるものです。脳死判定の時点では、生きているか死んでいるかを判断することはできません。もしも生きている患者に対して、様々な刺激を与えたり人工呼吸器を外して無呼吸テストを行ったりすれば、それは害悪ばかりとも言えます。患者の尊厳にも関わることですので、臓器移植に同意するということは、このような脳死判定の実施にも同意するということであることを事前に理解しておくことが必要となるでしょう。

7．㈳日本臓器移植ネットワーク

臓器移植で大切なことは、貴重な臓器を公平に分配することです。過去、臓器配分を巡っては、世界中で様々な問題が起こりました。そこで、利害関係に影響を受けない中立な組織の必要性が叫ばれるようになり、日本では、臓器提供者（ドナー）と臓器提供を望む人（レシピエント）を公平に結ぶ唯一の組織として、社団法人日本腎臓移植ネットワークが 1995 年に設立されました。その後、1997 年に臓器移植法の施行にあわせて日本臓器移植ネットワークと改組されました。現在は全国を 3 つの支部に分け、専任の移植コーディネーターが 24 時間対応で待機しています。

8．臓器提供の意思表示

臓器提供の意思表示の方法は、大きく分けて 3 つの方法があります。

1）インターネットにより意思登録

㈳日本臓器移植ネットワークの臓器提供意思登録サイトで意思表示の登録が可能です。

2）意思表示カードやシールへの記入

都道府県市町村役場、保健所、警察署、ハローワーク、運転免許試験場のほか、コンビニエンスストアや大手スーパーなどに設置されています。

3）被保険者証や運転免許証の意思表示欄への記入

意思表示欄があらかじめ設置されている被保険証や運転免許証が増えてきています。ただし、記入は任意となります。意思表示の際は、提供を希望する臓器の選択ができるだけでなく、提供したくないという意思表示もできます。日本では、臓器提供の意思表示をした人のみが臓器を提供する「オプト・イン型」を採用しています。一方で、臓器提供に対して拒否の意思表示をしなければ原則全員が臓器を提供する「オプト・アウト型」を採用している国も多くあります。

【被保険者証の裏面の意思表示欄】(例)

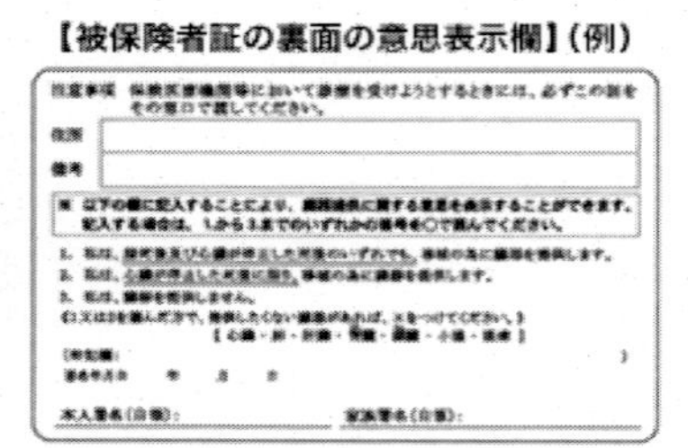

【運転免許証の意思表示欄】

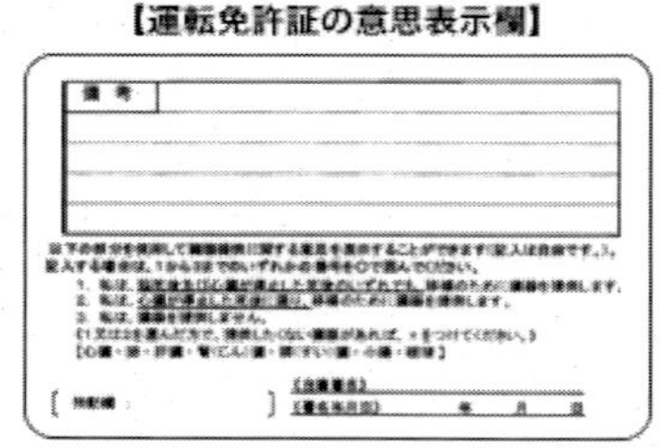

オプト・イン型の国	オプト・アウト型の国
日本、アメリカ、イギリス、スウェーデン、デンマーク、オーストラリア、カナダ、ドイツ、韓国など	フランス、ベルギー、スペイン、ポルトガル、オーストリア、ポーランドなど

９．臓器移植件数の推移

2010年の改正臓器移植法の施行により、脳死下での提供件数は大きく増加しました。しかし、年間の移植件数を他国と比較するとまだまだ大きな差が見られます。ちなみに心臓移植に関しては、1年間にアメリカでは2,000件以上、ドイツは300件以上、スペインは200件以上行われてるのに対し、2011年の日本の移植件数は31件に留まっています。

> 2011年中国で大規模な人身売買組織が摘発されました。また、韓国人の臓器移植ブローカーが、秘密ルートで中国の病院に韓国人を送り、臓器移植を受けさせていたことが発覚し逮捕されました。日本でも、2007年に日本人に臓器提供を斡旋していた日本人が中国で逮捕されています。
>
> こうした事件の背景に、闇移植ブローカー組織の存在があります。臓器は慢性的に不足しており、臓器提供を望む患者にとっては、正規の移植を待つ時間が残されていないケースもあるでしょう。そこで、高い手数料を払ってでも闇移植を望む患者が多くいるのです。こうした闇移植で救われる患者がいる一方で、人身売買を助長したり、裏社会の資金源となったりすることもあると指摘されています。また、中国では、死刑囚の臓器を不法に提供しているとの疑惑もあります。
>
> 需要と供給のアンバランスが原因であり、臓器移植でしか助からないケースについては、ドナーの増加しか解決できる方法は見つからないのではないでしょうか。

１６．終末期医療

Point

１．尊厳死とは何かを理解し、QOL について考えよう
２．死の受容プロセスやターミナルケアの現状について学ぼう
３．自分自身の余命と生きる意味について考えよう

１．尊厳死とは何か

尊厳死とは、病気や怪我などにより「不治または末期」となった時に、自らの意思で延命措置を止め、人間としての尊厳を保ちながら死を迎えることです。医学の進歩に伴い、末期状態の患者であっても様々な延命措置により、これまで以上に生き続けることが可能になりました。しかし、多くは意識のない状態であり、俗にスパゲッティ状態と呼ばれるような多くの点滴等に委ねて生きていることに疑問を感じる人も多くいます。こうした背景のもと、尊厳死を望み日本尊厳死協会に入会し「尊厳死の宣言書（リビング・ウィル）」にサインした人は、現在約 12 万 1 千人となっています。「尊厳死の宣言書」では、治療は苦痛を和らげための痛みを取る緩和医療のみにとどめ、死期を引き延ばすだけの延命措置を断るといった内容が記されています。

なお安楽死とは、末期患者に対し患者の自発的要請に応えて、医師が積極的な医療行為で患者を死なせることをいい尊厳死とは異なるものです。日本では安楽死は法的に認められておらず、違法行為となる場合もあります。こうした安楽死を「積極的安楽死」と呼び、尊厳死を「消極的安楽死」と呼ぶこともあります。

２．QOL（Quality of Life　生活の質）

QOL とは、一般に「生活の質」と訳され、人が人間らしい充実した幸福な生活を送っているかを尺度としてとらえる概念です。この概念は、近年医療との関係が深くなりました。不治の患者に対する延命治療や患者の負担が大きい治療を継続することで、患者自身が人間らしい生き方ができなくなってしまうことが問題視され、こうした状態を「QOL が低下する」と表現しています。反対に、尊厳ある死を迎えることは、QOL を維持し高める上で重要であると考える人も多くいます。

その他、生涯学習や生涯スポーツといった我々の生き方に関わる価値概念の中で、QOL という言葉は頻繁に使われています。

３．死の受容

米国人の医師「エリザベス・キューブラー・ロス」は、1969 年に「死ぬ瞬間」という著書の中で、死の受容のプロセスについて説明しています。この本は、現在でも終末期医療に関する必読書となっています。

死の受容の第１段階「否認」

患者は自らの死期を知り大きな衝撃を受けるが、同時に自分は死ぬわけはないと否認する段階。また、「例えそのような状態であったとしても特別な治療等で自分は助かるのではないか」といった部分否認の形態をとることもある。

死の受容の第２段階「怒り」

「なぜ自分がこのような目に遭うのか」「どうして自分が死ななければならないのか」という怒りを周囲に向ける段階。

死の受容の第３段階「取引」

延命への取引を願う段階。「何かを差し出す代わりに命は助けてほしい」といった神頼み的な取引を試みる状態。

死の受容の第４段階「抑うつ」

取引が無駄と認識し、自分の運命に無力さを感じ失望して、ひどい抑うつ状態になる段階。

死の受容の第５段階「受容」

死を受容する最終段階。全てを悟った様な解脱の境地が訪れ、延命の希望を捨て安らかに死を受け入れる状態。「デカセクシス（Decathexis）」と呼ばれる。

ただし、これらの死の受容のプロセスには、各人の宗教観や死生観が大きく影響するため、必ずしも全員が同じプロセスをたどるわけではありません。

４．ホスピス

ホスピスとは、主に末期がん患者に対して緩和治療や終末期医療（ターミナルケア）を行う施設をいいます。ホスピスと一般病棟の大きな違いは、検査や治療などの病気の症状の改善を求めるのではなく、身体の痛みなどの患者が不快と感じることを減らしていくことを目的としていることです。ホスピスでは、医療スタッフの数が多く、患者一人ひとりに対してきめ細やかなケアができるだけでなく、家族と一緒に最後の時を過ごせるような工夫がされているところが多くあります。

1967 年にイギリスの女医であるシシリー・ソンダースが、セント・クリストファー・ホスピスを開設し近代ホスピスの基礎を作りました。日本では、1981 年に聖隷三方原病院（静岡）が日本で最初のホスピス病棟を開設し、次いで 1984 年に淀川キリスト教病院（大阪）が開設されました。2013 年現在では、累計 306 施設がホスピス・緩和ケア病棟として承認されています。ホスピスは宗教との結びつきが深く、開設当初はキリスト教と関連したホスピスが中心でしたが、近年は仏教系のホスピスだけでなく、国公立病院でホスピス病棟を設置する所が増えてきています。

なお、ターミナルケア先進国であるアメリカ合衆国は、病棟でのケアではなく在宅でのホスピスケアが主流となっています。日本においても、最近は在宅でのホスピスケアを希望する患者が増加しており、ケア体制の整備が求められています。

５．余命を考える

昔から人間は、少しでも長く生きたいと願いつつ、不老不死が叶わぬ願いであると知りながら、日々を怠惰に過ごしてしまうことがよくあります。古代ローマの思索家セネカは「人生は短いのではない。人間がそれを短くしてしまっているのだ」と述べています。これは、我々が日々を大切に生きていないこと指摘している言葉です。また、禅語の中には「一日一生」という言葉もあります。

余命１年と宣告された患者は、残された日々を考え、できるだけ無駄な時間を過ごさないように生きていくものです。しかし、余命宣告は特別なものではありません。全ての人の命には限りがあり、平均的には生まれた瞬間から余命約 80 年となるのです。普段の生活の中で、自分の余命を考えることは少ないと思いますが、こうしている間にも皆さんの余命は確実に短くなっているのです。時間は常に流れています。いつでも今を大切に生きたいものです。

自分の余命を意識できるものとして、以下のようなサイトがあります。

「Death Clock」　http://www.deathclock.com

６.宗教と死（死後の世界）

私たちは、死後の世界の存在をどのように捉えているのでしょうか？死後の世界の考え方については、宗教との関わりが大きいと言われています。世界には多くの宗教が存在していて、人間が生きていくための支えとなっています。それぞれの宗教では、死後の世界に対する認識だけでなく、現世の生き方についても考え方は大きく異なります。

日本人は一般に信仰心が薄く無宗教であると言う人も多くいますが、我々の持っている死生観には民間信仰を含め宗教的要素が大きく影響しています。

古来から死に対する恐怖心を克服するため、多くの人は死後の世界の存在を信じてきました。死後の世界があるからこそ安らかに死ねるという考え方や、死後幸せに暮らすために現世の生き方を律するという考え方もその一例です。一方で、死後の世界の存在を否定することで、現世を大切に生きようとする考え方や、今生きている我々にとって死後の世界は関係ない存在であり思い悩むことこそ無意味であるとする考え方も生まれてきました。

東海大学安楽死事件

平成３年、多発性骨髄腫のため東海大学医学部付属病院に入院していた患者に、塩化カリウムを投与して死に至らしめたとして、担当内科医の大学助手が殺人罪に問われた刑事事件です。日本において医師の安楽死の正当性が問われた唯一の事件とされています。

平成７年に有罪（懲役２年執行猶予２年）が確定しました。

事件は以下のような状況下で起こりました。

末期状態で入院していた患者に対し、家族の強い希望を受けたこの助手は点滴を外す等延命治療を中止しました。その後、苦しそうな患者の状態を見た長男からの求めに応じ、殺意を持って塩酸ベラパミル製剤および塩化カリウム製剤を注射し、患者は同日心停止により死亡しました。平成４年５月にこのことが発覚し、助手は殺人罪により起訴されることとなりました。

判決の中で、医師による積極的安楽死が許容される要件として以下の４要件が挙げられました。

①　患者に耐え難い激しい肉体的苦痛に苦しんでいること
②　患者が死を避けられず、その死期が迫っていること
③　患者の肉体的苦痛を除去・緩和するために方法を尽くしほかに代替手段がないこと
④　生命の短縮を承諾する患者の明示の意思表示があること

本件においては、この要件のうち１と４を満たしていないとされました。

この事件の判決では、患者の自己決定権を中心として積極的安楽死を限定的ながら認めたと言えます。しかしながら、この是非についてはなお様々な議論が続いています。

１７．出生前診断

Point

１．出生前診断の目的と検査方法を理解しよう
２．出生前診断のメリットとデメリットについて考えよう
３．障害者の生存権について考えよう

１．出生前診断の目的

出生前診断とは、医療技術の進歩に伴い胎児期に障害の有無や性質を検知しようとするものです。その目的は、概ね以下の 3 点にあるとされています。

１）胎児治療のため
＊しかし、実際に胎児治療が行える疾患は現状ではごく少数に限られています。
２）胎児の状態に合わせた分娩方法を選択するとともに出生後のケアの準備をする
３）妊娠の継続を判断するため
＊胎児の状態によっては、人工妊娠中絶を選択するケースが多々見られ問題となっています。

２．出生前診断の検査方法

１）超音波（エコー）検査

胎児や母親に特に害はないため通常の妊娠検診で実施されています。心拍や胎動の有無を検索できるだけでなく、最近では胎児の首の後ろのむくみ（NT）の厚さが一定以上の場合、ダウン症候群などの染色体異常や心疾患の可能性が増すことが明らかになり、胎児異常を早期に発見できる検査となっています。しかし、この検査で染色体異常の可能性が指摘された場合において、最終的に異常である確率は数%から 30%程度であるとされています。

２）羊水検査

妊娠 15~18 週に母体から羊水を採取し検査する方法で、日本では年間 1 万例程（全妊婦の約 1.2%）実施されている。検査のリスクとして、200~300 分の 1 の確率で流産を起こすことや、異常が発見され人工妊娠中絶を行う場合、胎児が既に大きく育っており母体への負担が大きいことが指摘されています。

３）絨毛（じゅうもう）検査

胎児の組織である絨毛を採取して、染色体や DNA 診断などを行います。羊水検査より早い時期（9~11 週）に行うことができるため、異常が発見された場合の人工妊娠中絶の負担は軽くなるものの、羊水検査に比べて流産の危険がやや高いことや、技術的に難しく実施機関

が多くないことが指摘されています。

4）母体血清マーカー検査

母体から採取した血液を検査するもので、母親や胎児への危険はありません。妊娠14~18週に行われることが多く、調べる物質（マーカー）の種類と数により複数の種別がありますが、3 つの物質を調べる「トリプルマーカーテスト」が一般に多く行われています。主に検出される障害はダウン症候群であり、その確率が200～300分の1以上の場合を「陽性」とすることが多くあります。羊水検査に比べて正確性に劣るため、この検査で陽性と判断された場合、羊水検査等を勧められます。この点では、診断検査というよりもスクリーニング検査として捉える方が正しいのではないでしょうか。

5）新型出生前診断

2013年度からは新型の出生前診断が日本医学会の認定施設で始まりました。これは母体の血液中の遺伝子を解析することにより、21トリソミー（ダウン症候群)、18トリソミー、13トリソミーの染色体異常の陽性確率を診断するものです。この検査は保険適用のない自由診療であり、約 20 万円の費用がかかるといわれていますが、母体への負担が少ないこと、診断確率が高いことなどから多くの妊婦がこの診断を受けています。実施から半年間で 3,514人の妊婦（平均年齢38.8歳）がこの診断を受け、67人（1.9%）が陽性と判定されました。また、そのうち9割以上が人工妊娠中絶を選択したと公表されています。

また、母体血清マーカー検査と超音波診断を組み合わせた費用負担の少ない新型出生前診断も一部の医療機関で実施されています。

3．出生前診断のメリット・デメリット

一般に出生前診断のメリット・デメリットとして以下のようなことが言われています。

1）メリット

①障害のある子どもが生まれることに対する心の負担を軽くできる

②障害を持った子どもが生まれてくると分かった場合、早期から準備をすることができる

③治療可能な先天異常を早期に発見し対応できる

2）デメリット

①胎児に異常が発見された場合、安易な人工妊娠中絶につながり、障害者の廃絶につながるのではないか

②検査を受けることで、余計な心配が増える（ほとんどの場合、診断はできても治療はできない)

③検査をすることで流産するリスクがある

④全ての胎児異常を発見できるわけではない

このように、メリット・デメリットともにある検査ですが、現状では障害が発見された場合に人工妊娠中絶をする妊婦が非常に多いことが大きな問題といえます。本来は、障害を早期に発見し準備するための検査であるものが、人工妊娠中絶を前提としたものになっているとすれば、障害者福祉の観点からも大きな問題が指摘されます。日本産婦人科医会が行った調査では、2009 年までの 10 年間で、胎児の異常を診断された後、人工妊娠中絶をしたと推定されるケースが、前の 10 年間に比べて倍増していることがわかりました。そもそも人工妊娠中絶について定めた母体保護法では、中絶が可能な条件に「胎児の異常」は認めていません。しかし、以下の①の理由を拡大解釈しているのが実情なのです。ただし、この解釈が可

能なのは妊娠 21 週末まででです。それ以降に障害が判明した場合であっても、母体外に出れば生命を保てないとみなされる場合は人工妊娠中絶が可能になりますが、ダウン症のように長期間の体外生活ができる障害の場合は本来不可能なはずです。

「母体保護法による人工妊娠中絶が行える 2 つの場合」

① 妊娠の継続または分娩が身体的又は経済的理由により、母体の健康を著しく害するおそれがあるもの

② 暴行若しくは脅迫によって又は抵抗若しくは拒絶することが出来ない間に姦淫されて妊娠したもの

表１　人工妊娠中絶と推定されるケースの内訳

	1990～99 年	2000～09 年
無脳症	938	1,180
水頭症	123	173
胎児水腫	507	1,341
NT（後頚部浮腫）	526	1,077
ダウン症	368	1,122
その他	2,919	6,813
計	5,381	11,706

（横浜市立大国際先天異常モニタリングセンター調べ）

４．社会経済との関連（優生思想）

出生前診断は、国家レベルの施策として推奨される側面を持っています。社会が負担する医療費や教育費、社会保障費などの経済的観点から障害児の発生をできるだけ抑え込みたい

とする意図です。全妊婦に出生前診断を義務付けた場合に国が負担する費用と、障害児が出生して社会が負担する費用を比べた場合、遥かに前者の方が少ないとの指摘もあります。しかし、この発想は障害者の生存権に関わる重大事項であり、かつてナチスドイツの行った「優生思想」と同じであるとの考えから、様々な意見の対立が見られます。

5．カウンセリングの重要性

米国などでは、出生前診断について医師が妊婦側に告知しないで障害児が出生した場合に、告知義務違反で医師が訴えられるケースが見られ、このようなケースを避けるために、医師は出生前診断について妊婦に説明する機会は増えつつあります。しかし、妊婦が自己決定するためには、正確な情報に基づいた適切なカウンセリングが行われることが絶対条件です。出生前診断を受けるかどうか、また受けた結果、障害児の生まれる可能性があることを告げられた時に、どのように対応するのかについては、現状ではまだ十分なカウンセリングが行われているとは言えません。出生前診断を妊婦が皆受ける検査として位置づけて、何の不安も持っていなかった妊婦に障害児を生むかもしれないという不安感を与え、人工妊娠中絶への抵抗感を薄れさせることは、障害者福祉の観点から大きな問題があると言えます。出生前診断を普及させるためには、十分なカウンセリング体制が不可欠なのです。

ダウン症の書家「金澤翔子さん」

NHK 大河ドラマ「平清盛」の題字

ダウン症は染色体異常の一つであり、「トリプルマーカーテスト」により出生前に出生確率が分かるようになりました。その結果として、ダウン症を理由に人工妊娠中絶をするケースも増えてきています。しかし、ダウン症は無脳症などのように、直ぐに生命の維持に大きな問題がある疾患ではありません。しかし、出生前診断によりダウン症児の数は減り続けており、1,000 人に 1 人の割合で生まれるとされている出生確率を大きく下回っています。それに伴いダウン症を取り巻く社会環境も厳しいものになってきています。社会の中からダウン症患者が減っていくことにより、病気に対する誤解や偏見が生まれてきていることも事実です。ここでは、ダウン症の書家「金澤翔子さん」を紹介します。ダウン症患者であっても、十分に社会生活を送っていけるという一つのケースではないでしょうか。

金澤翔子さんは、昭和 60 年に東京で生まれました。ダウン症と診断された時、両親は大きなショックを受けましたが、家族の大きな愛情を受けて育ちました。

翔子さんは、母が翔子さんの友達づくりのために始めた書道教室で 5 歳から書道を始めました。物事の理解には時間がかかりますが、母の熱心で厳しい指導と決してあきらめない本人の粘り強さが相まって、次第に書家として認められるようになりました。内に籠らずできるだけ外に出て多くの人とコミュニケーションをとるよう努めてきたことも現在の彼女の力になっているのではないでしょうか。最近では、テレビ等のマスコミに取り上げられることも多くなり、全国各地で書展が開かれるだけでなく、NHK 大河ドラマ「平清盛」の題字製作など活躍の場を広げています。

１８．不妊治療

Point

１．不妊の主な原因について理解しよう
２．不妊治療の方法や問題点について学ぼう
３．不妊治療を巡る倫理的問題について考えよう
４．不妊治療の一つである代理出産について学ぼう

１．不妊の実態

WHO は「避妊をしていないのに 2 年以上にわたって妊娠に至れない状態」と定義しています。日本では、妊娠を望むカップルの約 10%が不妊状態にあると言われています。そのうち、不妊の原因が男性側に問題があるケースが約 40%、女性側に問題があるケースが約 40%、両性に問題があるケースが約 15%、その他の問題が約 5%となっています。

２．不妊治療者の増加

日本の 2005 年度の統計では、40 歳以上で出産した女性は 20,348 人と 47 年ぶりに 2 万人を超えました。統計データでは、35 歳以上の出産が全体の 16%、うち第一子出産が 3 人に 1 人となっています。女性の社会進出や経済的理由などにより出産が高齢化していることは近年大きな問題となっています。高齢出産は少子化の一因となるだけでなく、染色体異常が起こるリスクの増加、卵子の老化による不妊、分娩時の身体的リスクなどが指摘されています。

３．女性の年齢と不妊

女性の年齢と高くなると卵子が老化するため妊娠できる確率は下がります。体外受精の成功率は、35 歳以下では 16.8%であるのに対し 40 歳では 8.1%に低下すると言われています。また、45 歳以上では 0.5%の成功率しかありません。一般には、35 歳を過ぎると卵巣の機能が低下するため、40 歳以上の妊娠は困難であるとされています。

４．主な不妊治療の方法

両性における原因が不明な場合は、排卵日を予測して性交渉を行うタイミング法が一般的です。人工授精は、日本では配偶者間で行われるのが一般的ですが、他国では非配偶者間に人工授精も珍しいことではありません。生殖補助医療技術（ART）は、精子と排卵誘発法により卵子を採取し、体外受精もしくは顕微授精させる方法です。体外受精は培養液中で精子と卵子を受精させる方法ですが、顕微授精は卵細胞内に直接精子を注入して行います。日本

では、毎年体外受精による出生者数が増加しています。平成 22 年の全出生者に占める割合は 2.71%となりました。つまり約 37 人に 1 人が体外受精により出生したことになります。

表１　体外受精出生数の推移

	出生数（人）	体外受精出生数（人）	体外受精出生率（%）
平成 15 年	1,123,610	17,400	1.55
平成 16 年	1,110,721	18,168	1.64
平成 17 年	1,062,530	19,112	1.80
平成 18 年	1,092,674	19,578	1.79
平成 19 年	1,089,818	19,595	1.80
平成 20 年	1,091,156	21,704	1.99
平成 21 年	1,070,035	26,680	2.49
平成 22 年	1,071,304	28,998	2.71

出生数:厚生労働省「人口動態統計」
体外受精出生数:日本産科婦人科学会倫理委員会報告

５．不妊治療の問題

体外受精は有効な不妊治療法ですが、保険が適用されないため医療費が高額になることが問題視されています。また、体外受精では複数の受精卵を使用するため多胎になりやすいことも問題の一つです。その他、特に女性において、不妊が家庭内不和の原因となることや、社会的な圧力を受けることがあることも指摘されています。

６．卵子提供を巡る問題

日本では、卵子提供を受けなければ妊娠できない夫婦に限って、提供された卵子や精子を使って体外受精を行うことが認められています。ただし、卵子の提供には提供者に身体的リスクが発生することなどから、第三者からの提供は禁じられています。また、この行為に対する報酬のやり取りも禁止されています。

一方で、海外では卵子や精子の提供は一般的に行われており、日本人の希望者を仲介する業者も多数存在しています。日本人卵子提供者の登録も増加しており、2011 年の朝日新聞社の調べでは、韓国やタイへ 1 年間に 100 人以上が 60~70 万円の謝礼で渡航し卵子を提供していたことが明らかとなりました。

また、2010 年に野田聖子代議士が米国で米国人から卵子提供を受け体外受精を行い、出産に至ったケースが話題となりました。日本から渡米して卵子提供を受ける場合、費用は平均 300～400 万円かかると言われています。また、こうした卵子や精子の提供は匿名が原則ですが、生まれた子どもの知る権利との関連で議論が起こっています。

７．代理出産

卵巣等に問題があり、自分で妊娠することの出来ない女性の代わりに妊娠出産を行う代理母も広義では不妊治療の一つと考えられます。しかし、代理母については様々な倫理的な問題が指摘され、厚生労働省および日本産科婦人科学会はこの実施を認めていません。しかし、原則禁止されているにもかかわらず、遺伝的につながりのある子どもを求める多くの妊婦の強い要望により、インドやタイなどで代理出産を行うケースが増えてきています。また、長野県の諏訪マタニティクリニックの根津八紘院長は、法制度の不備を突く形で 2008 年時点において 15 例の代理母出産を行ったと公表しました。

2003 年にタレントの向井亜紀・高田延彦夫妻が海外での代理母出産によって得た子どもの戸籍に関し提訴したことも、この問題に対する世間の関心を高めました。従来は、海外で代理母出産を行ったケースでも秘かに実子として出生届を提出するか、出生後に養子縁組をするケースが一般的でした。向井・高田夫妻のケースは正面からこの問題に向き合ったといえますが、2007 年最高裁判決では、法整備の不備を指摘しながらも出生届の受理は認められないとする決定がなされました。

厚生労働省および法務省の依頼を受け、2008 年日本学術会議は代理出産（代理懐胎）について以下のような提言を行いました。

・代理懐胎の法規制と原則禁止が望ましい
・営利目的での代理懐胎の施行医、斡旋者、依頼者を処罰の対象とする
・先天的に子宮をもたない女性および治療として子宮摘出を受けた女性に限定し、厳重な管理下での代理懐胎の臨床試験は考慮されてよい
・試行にあたっては、医療、福祉、法律、カウンセリングなどの専門家で構成される公的運営期間を設立し、一定期間後に検討し、法改正による容認するか、試行を中止する
・代理懐胎によって生まれた子は、代理懐胎者を母とする
・代理懐胎を依頼した夫婦と生まれた子の親子関係は、養子縁組または特別養子縁組によって定立する

８．代理母の２つのケース

１）ホストマザー（遺伝的につながりの無い受精卵を子宮に入れ出産する）
・夫婦の受精卵を使用する
・第三者から提供された卵子と夫の精子を体外受精し、その受精卵を使用する
・第三者から対協された精子と妻の卵子を体外受精し、その受精卵を使用する

・第三者から提供された卵子と精子を体外受精し、その受精卵を使用する

2）サロゲートマザー

・代理母の卵子と夫もしくは第三者から提供された精子で人工授精を行い出産する

9．代理出産の問題点

1）契約上の問題

代理母が受け渡しを拒否するケースや、逆に依頼した夫婦が生まれた子どもが障害を持っていることや代理母の妊娠中の離婚等の理由で子どもの引き取りを拒否するケースがあることが明らかになっています。また、そもそもこのような契約自体が公序良俗に反しており無効との見解もあります。

2）親子関係上の問題

法的には、親子関係は「分娩の事実により発生する」とされるため、代理出産のケースでは代理母の子として扱われます。このため相続上の問題が発生する可能性が指摘されています。また、このような複雑な家族関係のもとに生まれることは、子どもの負担になるのではないかとの意見もあります。

3）倫理上の問題

「女性を産む機械として扱っている」との指摘があります。また、途上国で行われる代理出産の場合、人身売買の側面があるとの批判もあります。

4）出産のリスクの問題

妊娠や出産には最悪の場合、死に至るようなリスクがあります。このようなリスクを代理母に負わせることに対する倫理上の問題が指摘されています。

5）子どもの権利に関する問題

代理出産は精子や卵子の提供を受けて実施される場合が多く、それは原則匿名で行われています。このため、生まれた子どもが自分の遺伝的ルーツを知ることができないことが問題として指摘されます。匿名の原則は、提供者の家族関係への介入を防ぐことや報酬や養育義務の発生を防ぐことでは意味のあることですが、逆に匿名による新たな問題も発生しています。遺伝病のリスクを知ることや近親婚を防ぐこと等のためには、自分の遺伝的ルーツを知る必要があるのです。

１９．再生医療

Point

１．再生医療の現状について理解しよう
２．再生医療を巡る倫理的問題について考えよう

１．再生医療とは何か

再生医療とは、人体の組織が欠損した場合に、従来の人工臓器などの材料による機能の回復ではなく、クローン技術や多能性幹細胞（ES 細胞、iPS 細胞）の利用などにより、その機能を回復させる技術です。移植医療による拒絶反応の問題の解消や様々な病気の治療に流用が可能なことなど大きな期待が寄せられている技術ですが、実用化までにはまだ多くの問題が残されています。また、倫理的な問題を含む医療であるため、法的規制との関わりを含め、検討すべき課題は多くあります。

２．ES 細胞（胚性幹細胞）

ES 細胞はとは、動物の発生初期段階の胚の一部より作られる幹細胞のことであり、一般に英語の頭文字を取り ES 細胞と呼ばれています。ES 細胞は、生体外においてすべての組織に分化できるため、再生医療への応用に注目されています。ES 細胞を利用することによって、パーキンソン病などの神経変性疾患、脊髄損傷、脳梗塞、糖尿病、肝硬変、心筋症などの難治性の疾患を将来的に治療できる可能性があります。しかしながら、倫理上の問題や拒絶反応の問題等により、ヒト ES 細胞を用いた再生医療は現時点では実現されていません。

３．ES 細胞の倫理的問題

ES 細胞を樹立するためには、初期胚が必要となるため、ヒトの受精卵を材料として用いることとなります。この受精卵を用いる行為が、生命を喪失させることにつながるとして倫理的な論議を呼んでいます。現在は、ヒト ES 細胞の作製を認めない国と、その研究を認める国に二分されています。米国では、ブッシュ政権が 2001 年に公的研究費による新たなヒト ES 細胞の樹立を禁止しました。しかし、公的研究費を用いない研究がいくつかも研究機関では行われています。日本では、体外受精による不妊治療の結果、母体に戻されなかった凍結保存胚のうち破棄されることが決定した余剰胚の利用に限って認められています。こうした倫理的問題を解消するために、最近では、受精卵を破壊せずに ES 細胞の樹立を行う技

術や発生が停止した胚から ES 細胞を樹立する技術などが開発されつつあります。

4．iPS 細胞（人工多能性幹細胞）

2006 年 8 月に京都大学の山中教授らは、マウスの細胞に 4 つの因子を導入することで、ES 細胞のように分化多能性を持つ人工多能性幹細胞（iPS 細胞）が樹立できることを発表しました。翌年には、ヒトの細胞に 4 種類の遺伝子を導入することで、iPS 細胞を樹立する技術を開発しました。この iPS 細胞は、ES 細胞における倫理的問題や拒絶反応の問題をすべて解決できるため、大きな期待を集めています。2012 年、山中教授はこの功績によりノーベル医学生理学賞を受賞しました。しかし、この技術を用いると男性から卵子、女性から精子を作ることも可能となり、同性間で子どもを誕生させることもできることから、技術の適用については論議の余地が残っています。また、iPS 細胞は発癌性遺伝子を導入するなどして、がん細胞と同じような無限増殖性を持たせた人工細胞であるため、もともと染色体内にある遺伝子に変異が起こって発癌性遺伝子を活性化させてしまう可能性も指摘されています。この問題については、癌遺伝子を使わない手法の開発が進められていますが、効率が極めて低下するなどの問題が残されていました。また、iPS 細胞にも ES 細胞同様に拒絶反応が起こる可能性も指摘されました。多くの課題は残されていますが日々研究は進んでおり、既に実用化に近づいているものもあります。将来的には、多くの医療問題を解決できる切り札となっている可能性も高い技術です。

5．クローン

クローンとは、DNA や細胞、生体などのコピーのことであり、植物のクローン技術はすでに実用化されています。哺乳類については、1996 年 7 月にクローン羊のドリーが作られました。ドリーは、哺乳類で初めて体細胞から作られたという点で注目を集めました。その後、1997 年には、トランスジェニック動物のクローンとして世界で初めてとなるクローン羊のポリーとモリーが作られました。ヒトのクローンについては、倫理的な問題だけでなく技術的に問題があるとされているため、多くの国では法的に禁止されています。クローン体には何らかの欠陥があるとされ、寿命が短い可能性も指摘されているからです。日本では、クローン技術規制法によりヒトクローンの作製を禁止しています。

なお、クローン人間というと、自分と全く同じ姿をした人間が現れるというイメージがありますが、自分のクローン人間は生まれたばかりであり年齢差が生まれます。また、人間の成長は後天的な影響が大きいため、たとえ遺伝的に同一であっても、同じ人間に育つということはありません。

２０．感染症やアレルギー疾患の増加

Point

１．感染症の種類や増加原因について理解しよう
２．感染症に関する新たな問題について考えよう

１．感染症を巡る状況

近年、SARS や新型インフルエンザが全世界で大流行し、感染症に対する関心が高まりました。2014 年には西アフリカで流行したエボラ出血熱が世界中に拡散し、大変な問題となっています。現代社会では、人やモノの移動距離は長くなり、そのスピードは移動手段の進歩に伴い急速に速まってきました。その影響により、ある地域で起こった感染症は瞬時に全世界に拡大していきます。今や感染症の予防と対策は世界的な課題の一つなのです。

近代に入り抗生物質が発明され、多くの感染症が治療できるようになりました。しかし、感染症を引き起こす病原体も進化しており耐性の強い菌や新種の菌が出現するなど、新たな問題も発生してきています。また、未だ発展途上国では、マラリアや結核、AIDS などの感染症対策が大きな課題となっています。人類と感染症との闘いは、終わることなくまだまだ続いていくことでしょう。

感染症についての最新情報は、国立感染症研究所の感染症情報センターや web サイトで得ることができます。

感染症情報センター：http://www.nij.go.jp/niid/ja/from-idsc.html

２．新興感染症・再興感染症

新興感染症とは、WHO の定義では「かつては知られていなかった、この 20 年間に新しく認識された感染症で、局地的にあるいは国際的に公衆衛生上の問題となる感染症」とされています。なお、この定義は 1990 年に発表されたものですので、1970 年以降に発生した新たな感染症を新興感染症と呼びます。現在 30 種類以上が確認されていますが、そのうちの 8 割が日本でも発見されています。代表的な感染症として、ラッサ熱、エボラ出血熱、エイズ、肝炎（B 型、C 型、D 型、E 型）、鳥インフルエンザがあります。

再興感染症とは、WHO の定義では「かつて存在した感染症で公衆衛生上ほとんど問題とならないようになっていたが、近年再び増加してきたもの、あるいは将来的に再び問題となる可能性がある感染症」とされています。この理由としては、抗生物質に対する耐性菌が増

加したことや、温暖化による地球生態系の変化などが考えられます。主な再興感染症としては、結核、マラリア、狂犬病、黄色ブドウ球菌感染症などがあります。

表１　主な感染症の種類（新型を除く）

	分類	主な感染症
一類	感染力・重篤度・危険性が極めて高く、早急な届け出が必要	エボラ出血熱、クリミア・コンゴ出血熱、天然痘、南米出血熱、ペスト、ラッサ熱、マールブルグ熱
二類	感染力・重篤度・危険性が極めて高く、早急な届け出が必要	急性灰白髄炎、結核、ジフテリア、重症急性呼吸器症候群（SARS、コロナウィルス）
三類	感染力・重篤度・危険性は高くは無いものの、集団発生を起こす可能性が高いため、早急な届け出が必要	コレラ、細菌性赤痢、腸管出血性大腸菌感染症（O-157 など）、腸チフス、パラチフス
四類	人同士の感染は無いが、動物・飲食物等を介して人に感染するため、早急な届け出が必要	E 型肝炎、ウェストナイル熱、A 型肝炎、エキノコックス症、黄熱、オウム病、鳥インフルエンザ
五類	国家が感染症発生動向の調査を行い、国民・医療関係者・医療機関に必要な情報を提供・公開し、発生および蔓延や伝染を防止する必要がある	インフルエンザ、ウィルス性肝炎（A 型、E 型を除く）、後天性免疫不全症候群（HIV・エイズ）、風疹、麻疹、破傷風など

３．感染症を巡る問題

感染力や病原体についての正確な知識が不足しているまま隔離が重視されることにより、過度な差別が起こる場合があります。過去の例としては、HIV 感染者に対する差別やハンセン病患者に対する隔離が挙げられます。そのため、1999 年に施行された「感染症予防及び感染症の患者に対する医療に関する法律」では、感染症をいくつかのグループに類型化し、対応の仕方などを定めるとともに、広く正しい情報提供を行うようになりました。しかしながら、新たな感染症の流行や感染ルートの多様化などにより、日々新しい情報提供が求められていることも事実です。感染症対策は、出入国管理の徹底やワクチンの開発はもちろんのこと、環境破壊等により野生動物と人間の接触機会が増えたことも新たな感染症の原因と言われており、他方面からの検討が必要とされています。

4．アレルギー疾患の増加

近年、アレルギー疾患は世界的に増加しています。アトピー性皮膚炎や喘息、アレルギー性鼻炎などに代表されるアレルギー疾患は、アレルギー反応が原因で起こる疾患のことをいいます。1996年の厚生労働省の調査では、国民の約3分の1が何らかのアレルギー疾患を持っているとされています。特に子どものアレルギー疾患については、年々増加傾向にあります。

スギ花粉症は、1960年代半ばに初めて報告されて以来、今や全成人の25%を超える有症率となっています。その患者数の増加は留まらず、近い将来は国民の半数が発症する可能性もあり、まさに国民病といえる状態になっています。

5．アレルゲンの種類

アレルギー反応（I型アレルギー）の原因となる抗原をアレルゲンと呼びます。代表的なアレルゲンには次のようなものがあります。

1）吸入性アレルゲン

・ハウスダスト（ダニなど）
・ペットの毛やあか（イヌ、ネコ、ハムスター、小鳥など）
・花粉（スギ、ヒノキ、ブタクサ、ヨモギなど）
・カビ（カンジダ、アスペルギルス、ペニシリウムなど）

2）食物アレルゲン

・卵、大豆、牛乳、ピーナッツ、米、小麦粉、ソバ、魚介類など

3）薬物アレルゲン

・ペニシリン、セファロスポリンなど

6．アレルギー疾患増加の原因

アレルギー疾患は、遺伝的要因と環境要因が複雑に作用して発症するものです。しかし、近年の爆発的な患者数の増加は遺伝的な要因の影響とは考えにくく、主に環境要因の変化によるものと考えられます。

主な環境要因の変化としては、アレルゲンの増加、大気汚染、感染症の減少、食生活の変化などが挙げられます。

1）アレルゲンの増加

花粉症では、全国で植林されたスギが大きく育ち花粉を飛散させやすくなったことが原因と考えられます。また、住宅の気密性が上がったことによりダニが発生しやすくなっていることも指摘されています。

2）大気汚染

ディーゼルエンジンの排気ガスに含まれる微粒子がアレルギー疾患の症状を引き起こすことが指摘されています。ディーゼルエンジン車は近年増加傾向にありますが、エンジン改良により排気ガス中の微粒子を減らす努力がなされています。しかしながら、その結果として窒素酸化物の増加につながるなど多くの問題点が残されています。

3）感染症の減少

抗生物質の開発により、ウィルス細菌や細菌感染が減少してきています。こうした抗菌薬が使われると、アレルギー反応を抑制すると考えられている好酸球や寄生虫を減少させることにつながります。また、ウィルスや細菌が少ない状態では免疫機構が変化する可能性があり、ダニや花粉に対して抗体を作りやすくなったとの指摘もあります。

4）食生活の変化

戦後、日本人の食生活は大きく変化してきました。食生活の欧米化に伴い動物性食品や乳製品を多く摂取するようになったことが、アレルギー疾患の増加を招いているとの指摘があります。また、リノール酸（植物性脂肪酸）の過剰摂取もアレルギー疾患の増加の原因として知られています。

２１．少子高齢化社会

Point

１．少子化の現状と問題点、少子化対策について理解しよう
２．高齢化社会の現状と問題点について考えよう

少子高齢化社会とは、少子化と高齢化が同時に進行している社会のことを指します。

１．少子化の現状と問題点

日本は、1997年に合計特殊出生率（一人に女性が一生の間に産む子供の数）が人口置き換え水準（人口が長期的に安定的に維持される水準）をはるかに下回り、なおかつ子どもの数が高齢者人口（65歳以上）よりも少なくなったため少子社会になったとされています。ちなみに、日本の人口置き換え水準は2.08とされていますが、日本の出生率は1974年以降毎年2.08を下回っていて人口は減少し続けています。日本の合計特殊出生率は1989年に1966年の丙午の数値1.58を下回る1.57であることが明らかとなり、1.57ショックと呼ばれ社会的な関心が高まりました。その後も出生率の低下は続き、2005年には過去最低の1.26まで低下しました。その後は景気の回復や団塊ジュニア層の出産などにより若干持ち直し、2013年は1.43となりました。しかし、出生数でみると長く続く少子化を反映してか、2013年は過去最低の1,029,816人となっています。

少子化の原因としては、未婚化、晩婚化が進み、女性一人あたりの生涯出産数が減少していることが挙げられます。ライフスタイルが変化し女性の社会進出が進むにつれて、晩婚化が進み少子化につながっていく様子が顕著に表れています。また、子どもを産んだとしても働きながら子どもを育てる環境が整っていないことや経済的理由により十分な養育費が確保できないことなども少子化の原因とされています。

少子化社会が続くと労働人口が減少し、税収の減少とともに年金等の社会保障体制の維持が困難になるなど様々な影響があります。また、一人っ子社会の弊害は、労働力の問題だけでなく、教育や家族関係の問題としても考えなくてはなりません。一般に、一人っ子は甘やかされて育つ傾向があるため、わがままで自己中心的になりやすいだけでなく、競争に弱い、コミュニケーション力が不足するなどのマイナス面が指摘されています。

２．少子化対策

日本政府は、2003年から少子化対策を担当する国務大臣を置き、社会保障制度の改正等に

取り組んでいます。2003年9月には、少子化社会に対応する基本理念や国や自治体の責務を明確にした上で、安心して子どもを産み育てることのできる社会環境を整えることを明らかにした「少子化社会対策基本法」が成立しました。以降、年金制度改革、子育てサービスの充実、企業の育児休業制度の整備など様々な対策が取られてきましたが、現在のところ残念ながら十分な効果が挙げられたとは言えません。

3．他の国々の少子化の現状

欧米の先進諸国も、日本同様少子化問題に直面してきました。イタリアやスペインでは、1970年代後半から出生率が低下し、1.1人台という低出生率となっていました。近年は、法制度の改善などにより、若干の持ち直しが見られています。フランスは、1995年に出生率が1.65人にまで低下しました。その後、女性の勤労と育児を両立させる「保育ママ制度」や子どもが多いほど税率が低くなる制度の導入、育児手当の支給年齢の見直しなど数多くの取り組みを行い、2006年には2.01人にまで回復しました。スウェーデンは、1980年代に出生率が1.6人台まで低下しましたが、女性の社会進出支援や法制度改革、出産や育児に対する各種手当の充実などにより、1990年台には2人を超える高水準に持ち直しました。この結果、少子化対策の成功国として多くの先進諸国の施策に影響を与えることとなりました。しかし、1990年代後半から社会保障費の増加により財政が悪化し、手当の廃止や減額などが行われるようになったため出生率は再び1.5人まで急落してしまいました。現在は、新たな施策のもとで、1.8人台を回復しています。アメリカ合衆国は、他の先進諸国に比べると高い出生率を維持しています。これは、移民大国であるアメリカ合衆国の特徴であるともいえます。白人やアジア系住民の出生率は低下しているものの、黒人やヒスパニック系住民の高い出生率が影響して、国全体としては横ばい状態にあるのです。

世界で最も人口の多い中国では1974年から「計画生育政策（一人っ子政策）」を導入し人口を抑制してきました。その結果、極端な少子化社会が訪れるだけでなく、様々な問題が指摘されています。例えば、家の跡継ぎ問題から男児の出産が望まれるようになり、出生前診断で性別を選別することが一般的になりました。そのため、男性と女性のバランスが大きく崩れ、多くの男性が結婚できないという状況が生まれています。また、戸籍を持たない多くの子どもの存在や規制を逃れるための賄賂の蔓延など、他国とは異なる少子化の問題を抱えています。

4．高齢化の現状と問題点

一般に、65歳以上の人口割合（高齢化率）が7～14%の社会を高齢化社会、14～21%を高齢社会、21%以上を超高齢社会と呼んでいます。日本は、1970年に高齢化社会（高齢化率

7.1%)、1995年には高齢社会（高齢化率14.5%）となりました。また、2007年には超高齢化社会に突入したとされ、2010年の高齢化率は23.1%に達しています。日本は平均寿命の高さや少子化の進行と相まって、今や世界一の高齢社会を迎えていると言えます。ただし、日本社会の高齢化は未だ進行途中であり、その速度は世界に例をみないほど早いものです。日本の人口構成を見ると、1947～49年の第一次ベビーブームと1971～74年の第二次ベビーブームの世代に大きな膨らみがあり、少子化の影響で若い世代の人口が少なくなっています。近い将来、第一次ベビーブーム世代が高齢者となるので、高齢化はさらに加速していくことになります。2020年には四人に一人が高齢者という社会が訪れるのです。

高齢化社会では、社会負担の急増が大きな問題として指摘されます。若い世代が高齢者を支える年金制度は、少子高齢化社会においては非常に不公平なシステムとなっています。若い世代は、自分が払った年金よりも少ない金額しか受け取ることができない可能性が高くなっているからです。同様に、高齢者が増加することで若い世代の健康保険料の負担が増加することも大きな問題の一つです。こうした問題を解消するために、抜本的な年金制度改革や税制改革が必要なことは言うまでもありません。高齢者の介護については、介護医療費の負担の問題だけでなく、家族形態の変化による影響も考慮しなくてはなりません。核家族化が進む現代社会では、誰が両親の介護をするのかという解決が難しい問題を抱えています。家族と離れ一人で暮らす老人が増える中、老人の孤独死は今や社会の抱える大きな課題の一つとなっています。その他、経済面の問題として、多くの高齢者は金銭的に余裕がないため、高齢化社会では国全体の消費力が低下していくことが指摘されています。消費力の低下は、若い世代の収入等に直接影響する問題であり、さらなる悪循環を招いています。

5．高齢社会への対策

医学の進歩等により寿命が延びていくこと自体は特に問題があるわけではありません。少子化と高齢化が同時に起こることによって、世代間のバランスが崩れることに問題があるのです。少子化対策の場合は、少子化を解消するための様々な施策が検討されています。しかし、高齢化対策は、高齢化そのものを解消するというものではなく、高齢者が暮らしやすい社会づくりのための施策が中心となります。主なものとしては、生活環境の整備や福祉に関する施設や制度の充実、就業支援、生涯学習環境の整備などが挙げられます。こうした対策により高齢者が安心して生活できる社会を築くことができれば、いずれ高齢者となる若い世代の安心にもつながり、消費の向上、少子化の解消など、様々なプラス効果が見込まれます。

２２．生活習慣病

Point

１．生活習慣病とは何か、その原因について理解しよう
２．生活習慣病を予防する方法について調べよう

１．生活習慣病とは何か

生活習慣病とは、日頃の生活習慣により引き起こされる疾患の総称です。「糖尿病」「心疾患」「高血圧」「脳卒中」「がん」などがこれに当たります。問題となる生活習慣とは、運動不足、栄養バランスの悪い食習慣（食生活の欧米化）、不規則な生活、喫煙、飲酒、ストレス、過労などで、これらを積み重ねることにより病気が引き起こされるのです。また、こうした生活習慣の結果として肥満になる人も多く、肥満に関連して起こる症候群を「メタボリックシンドローム」と呼んでいます。

生活習慣病という言葉は、1997 年頃から使われ始めました。それまでは、こうした疾患は「成人病」と呼ばれていました。「がん」「心疾患」「脳卒中」は、日本人の成人の死亡率の上位を占めており、40 歳頃からこれらの死亡率が高くなることから、三大成人病と呼ばれていたのです。

近年では長年の生活習慣がこうした成人病の発症に大きく関係していることが明らかとなりました。また、加齢により必ず発症する病気ではないため、生活習慣の改善により予防も可能であるとされたのです。そこで、従来から使われてきた成人病という総称を生活習慣病という概念に置き換えるようになり、現在は広く定着しています。

２．日本人の死因

日本は世界有数の長寿国ですが、寿命を全うして老衰で亡くなる人はわずかであり、ほとんどの人は何らかの病気により亡くなっています。病気で亡くなる日本人の多くは、生活習慣病と診断されています。平成 23 年では、日本人の全死亡者のうち生活習慣病で亡くなった人は全体の半数以上を占めていました。「悪性新生物（がん）」「心疾患」「脳卒中」といった生活習慣病は、長く日本人の死因ワースト 3 を占めてきましたが、平成 23 年に「肺炎」が 3 位になり順位が入れ替わりました。これは高齢化が進んでいる影響と考えられています。なお、平成 23 年度は、東日本大震災による影響で「不慮の事故」による死亡者が前年比で約 1.5 万人増加しています。

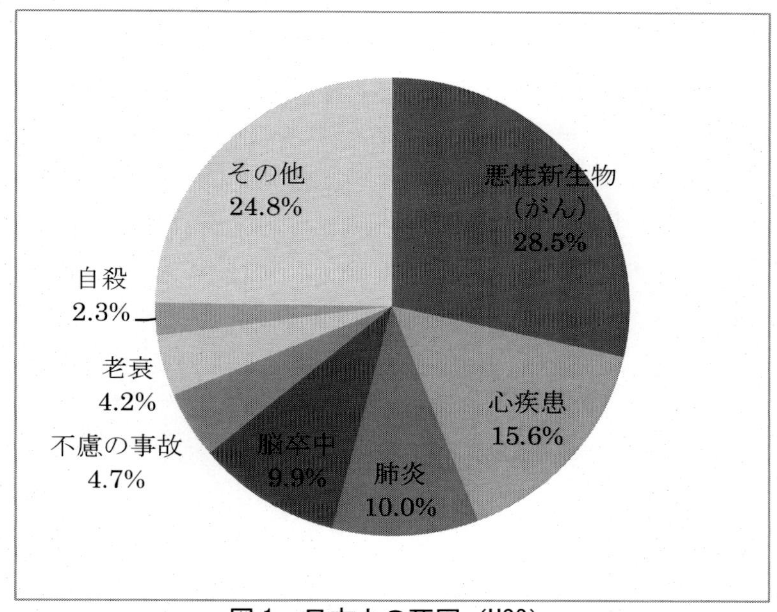

図１　日本人の死因（H23）

３．健康日本 21

日本では、21 世紀における国民健康づくり運動として「健康日本 21」が行われています。この運動は、9 つの分野ごとに 70 の目標、100 の指標を定め、それを達成すべく国民的な運動を展開していく活動です。生活習慣に関連する分野が多く、生活習慣病の予防効果を期待されています。

それぞれの分野に定められた目標については、「健康日本 21web サイト」に詳細が掲載されていますので調べてみましょう。

健康日本 21：http://www.kenkounippon21.gr.jp

【健康日本 21 の 9 分野】

・栄養・食生活
・身体活動・運動
・休養・こころの健康づくり
・たばこ
・アルコール
・歯の健康
・糖尿病
・循環器病
・がん

4．メタボリックシンドローム

メタボリックシンドロームは、内臓脂肪型肥満を共通の要因として、高血糖、脂質異常、高血圧が引き起こされる状態であり、それぞれが重複することによって重大な病気を招く危険性があります。生活習慣病予備軍とされているため、このメタボリックシンドロームを予防することが、生活習慣病予防の第一歩と言えます。2008 年から始まった特定健診制度では、40 歳～74 歳の保険加入者に対して特定健診（糖尿病等の生活習慣病に関する健康診査）を義務付け、その結果、メタボリックシンドローム該当者やその予備軍と判定された者には特定保健指導を行うことを義務付けました。厚生労働省は、この健診の受診率や保健指導の実施率の目標達成度により、保険組合や自治体に対して後期高齢者医療制度の財政負担割合が変わるという「アメとムチ」を導入しています。日本では、約 2,000 万人がメタボリックシンドロームとその予備軍に該当するとされており、厚生労働省は平成 27 年度末までに 25％の削減目標を立てています。

【メタボリックシンドローム　厚生労働省基準】

○内臓脂肪の蓄積　腹囲（へそ周り）　男性 85 ㎝以上　女性 90 ㎝以上

これに加えて、次の 2 つ以上の項目が当てはまるとメタボリックシンドロームと診断されます。

○脂質異常　中性脂肪　150mg/dL 以上　HDL コレステロール　40mg/dL 未満

○高血圧　最高（収縮期）血圧　130mmHg 以上　最低（拡張期）血圧　85mmHg 以上

○高血糖　空腹時血糖値　110mg/dL 以上

２３．メンタルヘルス

Point

１．メンタルヘルスケアの現状や様々な精神疾患の症状について理解しよう
２．ストレスをためないコツについて考え、実践しよう

１．メンタルヘルスとは何か

メンタルヘルスとは、文字通り「心の健康」のことです。現代社会はストレス社会と言われています。学校や職場、家庭など様々な状況下において過度なストレスや悩み、精神的疲労を感じ、その結果として「うつ病」などの心の病気（精神疾患）に罹る人が増えています。

2001年には学校現場における児童生徒の様々な問題に対処するために「スクールカウンセラー」が制度化され、臨床心理士などのメンタルヘルスの専門家が心理カウンセリングなどを行っています。また、最近ではメンタルヘルス不調により休職や退職する教職員が増加しており、こうした教職員に対するメンタルヘルスケアも重要視されています。

企業においても2008年に労働契約法が施行され、労働契約上の安全配慮は企業の法的義務とされました。この安全配慮の中には、メンタルヘルス不調者に対する配慮も含まれます。たとえば、企業の対応不足により、うつ病などの精神疾患を発症した場合、企業にその責任を問うことができます。このため、各企業はメンタルヘルスに関する研修の実施や職場環境の整備、精神疾患による求職者に対する職場復帰支援など様々な取り組みを始めています。

２．主な精神疾患の症状

一口に心の病気といっても、その種類や症状は様々です。体の病気の場合、一般にその病名は臓器の種類や部位、原因によって分類されます。しかし、心の病気の場合は、原因が分からない疾患も多く、現在では特徴的な症状と持続時間、生活上の支障の程度によって診断名を付けています。したがって、同じ病名が付いていても原因は人によって異なるため、治療の際は多方面からの総合的な診断が求められるのです。ここでは、主な病名とその症状などについて記載します。記載したもの以外にも、「摂食障害」「適応障害」「アルコール依存症」「薬物依存症」「睡眠障害」「躁うつ病（双極性障害）」「認知症」など様々な疾患があります。

１）うつ病

うつ病とは、精神的身体的ストレスなど様々な理由で脳の機能障害が起こっている状態をいいます。不眠、食欲不振、精神的落ち込み、イライラなどが主な症状で、ものの見方が否定的になり小さなストレスも乗り越えられずに辛く感じてしまいます。表情が暗く涙もろく

なったり、落ち着きがなくなったり、また身体の不調を感じることもあります。薬による治療や認知行動療法が効果的だと言われており、早めに専門家の診断を受けることが大切です。

２）パニック障害・不安障害

突然、動悸やめまい、吐き気、発汗、手足の震えといった発作を起こし、生活に支障が出ている状態をパニック障害といいます。この症状は自分でコントロールできないため「発作への不安から外出ができなくなる」「特定の場所に対して恐怖を感じるような状態になる」こともあります。身体的異常が認められないため、周囲の理解が得られにくいことも大きな問題点です。薬による治療や心理療法を行い、ゆっくりと治療していくことが大切です。

３）統合失調症

統合失調症とは、脳の様々な働きをまとめることが難しくなってしまう病気で、健康な時にはなかった状態が現れる陽性症状と、健康な時にあったものが失われる陰性症状があります。幻覚や妄想が陽性症状の典型的な症状です。陰性症状は意欲低下、感情表現の減少などがあります。「独り言が多くなり話が支離滅裂になる」「何事にも意欲がない」などのサインが見られますが、本人にはそれが病的な症状だと気づきにくいものです。周囲の人がこのようなサインに気づいたとき、早めに専門家に相談することが必要です。

４）PTSD（Post Traumatic Stress Disorder：心的外傷後ストレス障害）

PTSDは、命の危険などの強い恐怖感を伴う経験をした人に起きやすい症状です。その経験の記憶がトラウマ（心の傷）となり様々な症状を引き起こします。震災などの自然災害、事故、火事、犯罪被害などが原因になるといわれています。ストレスの原因となる出来事から長い時間が経過してから症状が出る場合もあります。恐怖体験を突然思い出したり、不眠、食欲不振、めまいや頭痛、不安や緊張が続くなどの症状が出ます。恐怖体験の後は誰でも不眠などの症状が出るものですが、それが長期化するようであればPTSDの可能性があります。

３．ストレスとうまく付き合うために

ストレスとは外部から身体的、精神的、社会的な刺激を受けたときに生じる緊張状態をいいます。日常生活の中には、人それぞれの様々なストレス要因があります。ストレスは誰にでもあるものですが、溜め過ぎると気持ちが落ち着かなくなり、不眠や食欲不振など心身の不調につながります。このようなサインに気づいたら、まず自分でケアすること（セルフケア）が大切です。ゆっくりと腹式呼吸をする、好きな音楽を聴く、ゆったりとお風呂に入る、のんびりと横になるなど自分がリラックスできる方法を見つけておくこととよいでしょう。困ったことがあるとき誰かに相談することで具体的な解決策が見つかったり、話を聴いてもらうだけで気分が楽になったりすることもあります。友人や家族、同僚など日頃から何でも話し合える人を増やしておきましょう。

２４．ダイエット障害・おしゃれ障害

Point

１．ダイエット障害の症状について理解しよう
２．おしゃれ障害の原因につて理解しよう

１．ダイエット障害とは何か

ダイエット障害は、摂食障害の中でも特にダイエットが原因となっているもの言います。女性の有病者が多いことは、女性の強いダイエット指向（やせ願望）を表しています。極端な食事制限によるダイエットは栄養不足を招き、貧血や生理不順、肌荒れ、冷え症など様々な健康障害を引き起こします。また、身体的な問題だけでなく、精神的にも不安定になりやすく、イライラしたり無気力になったりすることがあります。その他、こうしたダイエットがきっかけとなり、過食症や拒食症に罹ることがあることも指摘されています。

食事制限によるダイエット以外にも、ダイエット食品による健康被害も報告されています。ダイエット食品の中には、薬事法で規定されている医薬品成分を含んでいるものがあり、健康被害を発生させるおそれがあります。死亡や肝機能、甲状腺機能障害などの重篤な健康被害も多数報告されていますので十分な注意が必要です。なお、健康被害をおこす可能性のある健康食品は厚生労働省のホームページで確認することができます。

２．摂食障害

過食症や拒食症、過食嘔吐などをまとめて摂食障害と呼びます。近年、日本では摂食障害の患者数が急増していると言われています。多くの場合、ダイエットがそのきっかけとなっています。強いやせ願望から拒食症になり、そのリバウンドとして過食症へ移行するケースが多く見られます。中には過食と嘔吐を繰り返すこともあります。摂食障害は心の病気であり専門外来での早期治療が必要ですが、日本では専門施設や専門医が不足しているため、ケア体制は十分には整っていません。摂食障害の死亡率は15%を超えるとされていますが、若者の多くは病気に対する認識が不足しています。正しい知識を与えることが重要であることは言うまでもありません。

３．おしゃれ障害とは何か

おしゃれ障害とは、化粧品やアクセサリーなどが原因となり起こるアレルギーや皮膚炎などを言います。若者を中心におしゃれに対する関心が高まる中、深刻な症状を訴えるケースも見られるようです。

1）ピアスによる障害

ピアスの穴を開ける際、有害な細菌の感染により化膿するケースが見られます。友人同士で同じ針を使いまわしたりすることで、肝炎やエイズといった疾患に感染する危険性もあります。その他、皮膚と金属製のピアスが触れることにより、金属アレルギーを引き起こす場合もあります。ピアスの金属成分が汗や体液に溶け出し体内に取り込まれると「たんぱく質」を結合します。このたんぱく質を体内の免疫細胞が攻撃することでアレルギー症状が起こります。主な症状は、かゆみ、湿疹、水ぶくれです。このアレルギー症状は同じたんぱく質が取り込まれるたびに起こるため、一度アレルギー症状の出た金属に触ると再度かぶれてしまいます。金属アレルギーは治りにくく、一生続くことが多くあります。金属アレルギーになってからピアスを止めても金属を含むものは身の回りに多くあるため、生涯に渡り悩まされることになるのです。

金属アレルギーを避けるためには、事前に皮膚科でアレルギーテストを受けて、自分に合わない金属を確認しておく必要があります。金属アレルギーはピアス以外でも起こりますが、傷があるとアレルギー反応を起こしやすくなるため、ピアスの穴が原因となることが多く見られます。

2）マニキュアによる障害

マニキュアを使用することで、つめ自体へ影響を与えることはほとんどありませんが、つめの周りが腫れたり、かぶれたりすることがあります。また、除光液を頻繁に使用すると、つめが乾燥と湿潤を繰り返すことになり、つめが層状に割れる「爪甲層状分裂症」と呼ばれる状態になることがあります。つめを短く切り、保湿用のクリームなどを塗ることで予防することができます。

3）靴による障害

足に合わない靴やデザインを重視した極端なハイヒール、先のとがった靴などを使用することで、足に様々な障害が起こることがあります。足の障害の代表的なものは「外反母趾」「巻き爪」です。どちらも一度なってしまうと治りにくく大変苦労します。特に成長段階において靴選びは非常に重要となります。

4）その他の障害

その他にもヘアーカラーリングや化粧品による「かぶれ」も問題視されています。おしゃれが低年齢化する傾向の中で健康被害も低年齢化しています。保護者が積極的に子どもにおしゃれをさせるケースも多々見られますが、大人用の製品を子どもが使用することにより健康被害が発生することがあります。したがって、子どもの健康被害を防ぐためには、保護者にこうした危険性について正しく理解してもらうことが大切です。

２５．薬物乱用

Point

１．薬物乱用の現状について理解しよう
２．青少年の薬物使用の問題点について理解しよう

１．薬物乱用とは何か

薬物乱用とは、薬物を本来の目的とは異なる使用をしたり、社会規範とはかけ離れた目的・方法で使用したりすることをいいます。医療目的の薬物を遊びや快楽のために使用した場合は、たとえ一回だけの使用であっても乱用にあたります。薬物乱用が進むと薬物依存症に陥ることもあり、薬物依存症になってしまうと禁断症状により常に薬物を体内に保持しておく欲求が生まれてきます。この欲求に応えるために反社会的な手段を使って薬物を入手するケースが多々見られ大きな問題となっています。薬物の中には、法的に所持や服用が認められているものと、そうでないものがあります。喫煙（ニコチン）や飲酒（アルコール）は20歳以上であれば法的には認められていますが、過度な摂取は依存症につながり健康上の問題を引き起こします。喫煙が主な原因とされる肺がんなどの死亡者数は毎年10万人以上に上っています。また、アルコール依存症患者は200万人以上いると推定されていますし、毎年多くの若者が急性アルコール中毒で死亡しています。

現在、違法薬物は全世界で広がっており、一部の発展途上国では外貨獲得の手段として利用されています。また、日本における違法薬物の流通は暴力団などの反社会勢力が関与していることが多く、その重要な資金源になっているとの指摘もあります。

薬物乱用のきっかけとしては、快楽の追及、好奇心といったもののほかに、「ダイエットに効果がある」「勉強や仕事に集中できる」「疲れが取れる」などといった誘い言葉に騙されて、知らず知らずのうちに手を出してしまうこともあるのです。

【乱用される主な薬物】

○ニコチン
○アルコール
○アヘン類（モルヒネ、ヘロインなど）
○大麻（マリファナ、ハシッシュなど）
○覚せい剤（MDMA、アンフェタミンなど）
○コカイン

○幻覚剤（LSDなど）
○有機溶剤（シンナー、トルエンなど）

2．青少年の薬物乱用

喫煙や飲酒に関して、成人の喫煙・飲酒者の4人に1人が未成年時から摂取し始めていたことが明らかとなりました。青少年が喫煙や飲酒を行うことは健康被害があることのみならず、様々な社会問題と関連していることや他の薬物依存につながりやすいことが指摘されています。

2008年の調査では、中学生の喫煙経験者は男子12.3%、女子9.5%となっています。高校生の喫煙経験者は、男子24.9%、女子15.8%となっています。このように多く未成年が喫煙経験を持っていることがわかりますが、この数値は年々減少傾向にあります。この原因としては、自動販売機でタバコを購入することが年齢識別型の自動販売機の普及（成人識別ICカードtaspo（タスポ）の導入）とともに難しくなり、コンビニエンスストアなどの店舗で購入する青少年が増えてきたこと、たばこ税の税率引き上げにともないタバコの価格が引き上げられてきたことなどが挙げられます。

飲酒については、喫煙同様に未成年の飲酒経験者の割合は年々減少傾向にあります。しかし、中学生では男子38.4%、女子41.9%、高校生では男子59.6%、女子63.2%と高い割合となっています。飲酒経験は喫煙と比べて女子の割合が高いことが特徴です。この要因としては酒の種類が多様化し女性をターゲットとしたアルコール飲料が多数販売されていることや家族内飲酒や成人との友好関係の影響が指摘されています。

その他、青少年にはシンナーなどの有機溶剤の乱用も深刻な問題となっています。有機溶剤は初回使用薬物の約半数を占めており、いわば薬物乱用の入門薬となっています。安価で容易に手に入ることもあり興味本位で使用する場合が多く見られます。しかし、薬物依存症へつながるなど、その代償は小さくありません。

青少年を薬物の乱用に結び付けるのは、社会環境の変化が大きいとされています。現代社会は社会規範が低下しているだけでなく、多様な価値観を認めサブカルチャーを容認する傾向があります。有名芸能人やアーティストの薬物乱用が度々報じられるなど、薬物を使用することがオシャレでカッコいいと感じる風潮があることも事実です。また、少子化・核家族化に伴う家庭の教育力の低下、家族間のコミュニケーション不足も一因とされています。その他、海外への渡航者が増えたことにより、比較的容易に入手できる海外で薬物乱用に汚染されるケースも見られます。

＊喫煙・飲酒データ（2008年中央調査社）

３．薬物依存症

薬物には何度も繰り返し使用したくなる「依存性」という性質があります。また、覚せい剤などの薬物には「耐性」という性質があり、何度も使用していると同じ量では効かなくなってきます。この「依存性」と「耐性」により、使用する回数や量が次第に増え、自分の意志で止めることができなくなるのです。

薬物依存には、「精神的依存」と「身体的依存」の2つの種類があります。精神的依存とは、快楽や満足感を得ること、また、不安や不眠といった不快感を減少させることを目的に薬物を何度も繰り返し使用したり、強迫的に使用を迫られたりする傾向が続いている状態をいいます。身体的依存とは、薬物が体内に継続的に存在していることが欲求される状態で、使用を中止すれば重大な禁断症状が現れます。なお、禁断症状の程度は使用する薬物の量や頻度によって異なります。禁断症状から逃れるため薬物使用に拍車がかかることが多く、この状態から自力で脱却することは非常に困難と言われています。

４．危険ドラッグ

法規制の対象とはなっていない薬物で麻薬と同様の効果を持つものを危険ドラッグと呼んでいます。過去には脱法ドラッグや合法ドラッグと呼ばれていましたが、「合同＝健康被害がなく使用しても大丈夫」といった誤解を与えていたため、2014年から危険ドラッグという名称で呼ばれています。誰でも簡単に入手でき麻薬と比べ比較的廉価であることもあり若者を中心に広がりを見せています。現時点では、所持や販売に関する法的な規制はありませんが、人体への接種を目的で販売した場合は薬事法違反となります。そのため、インターネットショップやアダルトショップなどでは、「芳香剤」「ダイエット食品」「お香」などと品目を変えて販売しているとことが多いようです。

2012年ごろから危険ドラッグ使用者の交通事故が増加し大きな社会問題となりました。このような背景のもと、自治体の条例等で販売や所持に規制をかける動きも加速しています。2014年9月からは車内に危険ドラッグを所持している場合、その時点での使用や交通違反の有無にかかわらず運転免許の効力を停止（最大6か月）できるようになっています。

危険ドラッグには、覚せい剤と非常によく似た構造を持たせた「ケミカルドラッグ」やハーブやキノコといった植物や植物加工品を使った「ナチュラルドラッグ」などの種類があり、乱用すると違法薬物同様の健康被害があります。また、こうした危険ドラッグを入り口として、薬物汚染が進んでいく背景も指摘されています。

厚生労働省は、こうした危険ドラッグの麻薬指定を進めていますが、指定された薬物の成分構造を少し変化させると、作用はほぼ同じであっても別の指定外薬物となり取り締まることができなくなります。そのため、違法薬物と似た構造の薬物全てを一括で規制対象とできる「包括指定」の導入も 2013 年からなされていますが、そもそも危険ドラッグの成分分析には時間がかかること、結果の出たころには新たなドラッグが出回っていることなど「いたちごっこ」状態が続いており、抜本的な解決には至っていません。また、新たな製品を作り出す過程の中で、より危険度の高いドラッグが生まれていることが指摘されており、危険ドラッグの使用が原因とされる死者数は 2014 年から急増しています。

著者略歴

木宮　敬信（きみや　たかのぶ）

1969年　東京都生まれ
神戸大学教育学部教育衛生学科　卒業
神戸大学大学院総合人間科学研究科　博士後期課程修了
現在　常葉大学教育学部准教授
専門領域　安全教育学・健康教育学

村上　佳司（むらかみ　けいし）

1961年　大阪府生まれ
日本体育大学体育学部　卒業
兵庫教育大学大学院学校教育研究科　修士課程修了
大阪府教育委員会事務局 教育振興室保健体育課 指導主事を経て
現在　國學院大學人間開発学部教授
専門領域　体育方法学・保健体育科教育学・安全教育学

大矢　隆二（おおや　りゅうじ）

1968年　神奈川県生まれ
東海大学体育学部体育学科　卒業
常葉学園大学大学院国際言語文化研究科　修士課程修了
愛知教育大学大学院・静岡大学大学院教育学研究科後期博士課程（2014年～）
企業から高等学校保健体育科教諭を経て
現在　常葉大学教育学部准教授
専門領域　保健体育科教育学

スポーツ・体育と健康科学テキスト Sport and Health Science Text

2015年3月30日　初版発行

著者　木宮　敬信
村上　佳司
大矢　隆二

定価（本体価格1,300円＋税）

発行所　株式会社　三恵社
〒462-0056　愛知県名古屋市北区中丸町2-24-1
TEL 052(915)5211
FAX 052(915)5019
URL http://www.sankeisha.com

乱丁・落丁の場合はお取替えいたします。
ISBN978-4-86487-338-3 C1075 ¥1300E